EMIR MATEO

EMIR MATEO

Istinita pripovjetka o izgubljenoj mladosti u vrtlogu rata na Balkanu

ESAD JAGANJAC

Chapter 1

Veći dio perioda nakon 1878. godine različite vjerske ili et-
ničke zajednice u Bosni živjele su u miru zajedno: dvije velike
epizode nasilja - u prvom svjetskom ratu i neposredno nakon
prvog svjetskog rata, te tokom četiri godine drugog svjetskog
rata - bile su izuzeci, izazvani i intenzivirani uzrocima izvan
granica Bosne. Osvrnuvši se na historiju ovog rata (1992-1995),
vidi se da su pravi uzroci razaranja Bosne došli izvan same
Bosne, i to dva puta: prvo u vidu političke strategije srpskog
rukovodstva, i nakon toga u obliku nerazumijevanja i fatalnog
uplitanja lidera Zapada.

NOEL MALCOLM

PREDGOVOR

Ovo je istinita priča o jednom događaju i vremenu koji se desio krajem dvadesetog vijeka na Balkanu. Pisac nema ambiciju da tvrdi da je njegova priča stvar apsolutne objektivnosti; naprotiv, želi da ispriča priču i opiše događaje onako kako je on sam vidio i doživio. Neka čitaoci sami presude šta je dobro i šta je zlo u ovom romanu, jer sve na ovom svijetu je relativno pa tako i sud o vremenu koje opisuje ovaj roman. Bila su to zla vremena u kojima je umjetnost bila preživjeti. Događale su se strašne stvari, a malo ko je imao obzira prema drugima, postupcima i rječniku koji su koristili. Autor je pokušao da ih prikaže onakvima kakvi su stvarno bili, bez imalo uljepšavanja događaja i riječi aktera tih događaja. Imena glavnih likova su stvarna, a imena ostalih likova su data po sjećanju. Možda samo Svevišnji Bog može dati pravi sud o tim događajima, kako kaže poznati fizičar Michio Kaku: „Ako Bog postoji, mi bismo što prije trebali saznati ko je On i šta hoće, a, ako ne postoji, ko je taj ko će nam reći šta je dobro, a šta zlo.“ Knjiga je pisana sa svrhom da čitaocima približi realni svijet, nije pisana s ciljem da promovira bilo koga ili bilo šta, već da kaže svijetu da postoji i dobro i zlo, da je tako bilo prije i da će tako biti zauvijek. Ma koliko se đavo trudio da nam dokaže da on zapravo ne postoji, ova knjiga pokušava da dokaže suprotno. Na neki čudan način borba između dobra i zla je skoro uvijek neriješena. Kraj ove priče nije mnogo drugačiji od početka. Zbog toga pisac nije dovršio priču do kraja. Ostavio je čitaocima da oni sami zamisle kraj i da priču sami dovrše. Knjigu posvećujem svim dobrim ljudima, svim prijateljima i svima onima koji su poznavali glavne likove ove knjige.

Autor

Zdravo, ja sam Edvin.

Ovo je moja priča o meni, mom bratu, mami, tati i mnogim drugima, istinita priča koju vam ja ne mogu ispričati, jednostavno ne mogu. Kada pročitate ovu knjigu vidjet ćete i zašto. Umjesto mene ispričat će je moj tata, onako kako je on vidio i zapamtio.

Edvin, kada je imao 12 godina

Volim vas sve.

PICCADILLY CIRCUS

−"Mind the gap, mind the gap", odzvanjalo je u holu stanice "Piccadlly Circus", podzemne željeznice u Londonu. Stanica "Piccadlly Circus" bila je to jutro puna putnika, kao što to obično biva radnim danima. Ljudi su strpljivo čekali svoj voz. Niko nikoga ne zna i, čini se, ne želi da zna, nema se vremena ni za kakvo ćaskanje. Svi osim par njih. Jedna osoba srednjih godina je svirala saksofon, ležerno prislonjena uza zid. Imao je polusijedu bradu, dugu kosu, mršav, ispijenog lica. Ispred njega šešir s pokojim novčićem u sredini. „Svako ima svoju nafaku", pomisli Esad dok je prolazio pored njega. Mora da je bio dio nekog benda koji se raspao ostavivši ga samog da životari na ovaj način.

Nekoliko metara od njega još jedna neobična scena, koja je odudarala od inače užurbanog okruženja. Mladić dvadesetih godina, nešto duže crne kose, sjedio je na komadu kartona s pogledom izgubljenim u daljinu. Činilo se da ga ništa oko njega ne zanima. Pored njega njegov pas je sjedio ležerno naslonjen na gospodara. Mladić ga je nježno gladio po glavi, a pas bi se zahvalno okretao prema njemu pa onda prema ostalima. Oko njega čučalo je dvoje ljudi osrednjih godina, jedan čovjek i jedna žena držeći u ruci platnenu torbu. Zvali su ga imenom i nudili mu neku hranu, ali on izgleda nije mario za to. Bio je u nekom drugom svijetu jedva primjećujući njih dvoje. "Mora da su mu to roditelji", pomisli Esad, "i mora da je pod utjecajem neke droge". Dok ga je žena nježno milovala pogledom, dotle je čovjek klečao pored njega i drhtavim rukama prebacivao neku jaknu preko njegovih leđa, da ga utopli. Činilo se da je sva bol svijeta u njihovim očima, a on kao da ih uopće ne vidi.

Uskoro, iz tame tunela, uz kloparanje točkova izroni popularna londonska "tube". Bakerloo linija je tih dana bila prezauzeta.

Povezivala je zapad Londona s jugom, gdje su bili locirani mnogi univerziteti, koledži i kompanije. Iako je bilo dosta putnika, sve je išlo dosta brzo, ljudi su stajali strpljivo u redu čekajući na ulaz. Preostalo je samo nekoliko slobodnih sjedišta. Srećom, jedan gospodin je upravo ustao pokraj Esada, ostavljajući mu prazno mjesto. Esad nije oklijevao, jer je bilo mnogo ugodnije putovati udobno smješten na sjedište, nego se gurati stojeći. Sjeo je odahnuvši. Stavio je aktovku na krilo i pogledao okolo. Svi su bili tako blizu, a tako daleko. Malo je bilo onih koji su se poznavali. Pogled mu skrenu na zid vagona. Brojne reklame su bile okačene, urađene stilski i profesionalno: "Hugo Boss", "Yves Saint Laurent" i brojne druge kompanije. Na jednoj je bila slika stada krava, gurnutih u vagon željeznice. Na njoj je pisalo: "Zamisli da si zarobljen u vagonu, bez mogućnosti da izađeš. Zamisli da si bez vode i hrane zatvoren u tom paklu. Zamisli da vrištiš, ali niko te ne čuje i nema pomoći ni od koga, već te vode u klaonicu. Ako želiš da im pomogneš, nazovi ovaj broj..." Esad se zamisli. Iz sličnog pakla je i sam nedavno izašao. Ruka mu krenu ka džepu. Tražio je olovku. Uskoro, koristeći aktovku kao naslon, počeo je pisati na komadu papira: "Zamisli da si zarobljen u gradu, bez mogućnosti da izađeš. Zamisli da si bez vode i hrane zatvoren u tom paklu. Zamisli da vrištiš, ali niko te ne čuje i nema pomoći ni od koga, već te svaki dan ubijaju snajperima i granatama. Ako želiš da pomogneš građanima Sarajeva, nazovi..." – zamislio se. Nema tog broja. Kome se obratiti? Činilo mu se iluzorno da napiše bilo koji broj telefona, jednostavno, nema pomoći. Ipak dovršio je misao. Napisao je: "Ako želiš pomoći građanima Sarajeva, pozovi... svoju savjest." Našao je nekakvu spajalicu i okačio svoj vlastiti "oglas" odmah pored originalnog, koji je upozoravao na zločin protiv krava. Putnici okolo su ga čudno gledali. Ovdje se oglasi plaćaju, a ilegalno oglašavanje je zabranjeno. "Bog će mi oprostiti i, osim toga, ovo i nije oglas, ovo je apel", pomislio je i sjeo nazad na sjedište osjećajući poglede sa svih strana.

Skoro niko nije vidio šta je napisao, osim onih koji su stajali odmah do njega. A i oni, obaviješteni od većine svjetskih medija potpuno drugačije, vidjeli su u njemu nešto drugo, strano, opasno, neprihvatljivo. Oni su mu namijenili mjesto u rezervatu, a on ovako slobodan, doimao se kao tigar, koji je upravo pobjegao iz zoološkog vrta.

Balkanski koljač, kapetan srpske JNA (Jugoslavenske narodne armije), Ratko Mladić, nije bio miljenik tih istih medija iz jednostavnog razloga što je izašao iz "dopustivog" okvira. Moglo se tolerirati "nježno" ubijanje, pomalo, svaki dan, ali skratiti za glavu osam hiljada ljudi u jednom danu bilo je previše, čak i za evropske standarde. Zato su ga nazvali "balkanski koljač", jer se drznuo da im pokvari miran san. Esad i ostali su bili krivi zato što su imali drugačije ime. To su svi razumjeli, bez daljnjega. Ipak, bilo je tu ljudi koji to nisu prihvatali. Nešto im je govorilo da to nije u redu, iako nisu mogli ništa učiniti. Svjetska elita je gradila novi svjetski poredak u kome "vučji zakoni" preuzimaju primat. "Vraćamo se dvije hiljade godina unazad, kada su pagani upravljali svijetom", pomislio je. Britanski premijer, John Major je jasno stavio do znanja da Evropa neće dozvoliti postojanje još jedne "islamske države" u Evropi, pa makar ona bila i sekularna i demokratska. Eksploatacija brojnih svjetskih resursa je bila pod direktnom kontrolom nekoliko multinacionalnih korporacija i pojava bilo kakve države, koja bi mogla ukazati svijetu na neokolonijalni odnos vodećih korporacija, bila je apsolutno neprihvatljiva.

Imali su bolno iskustvo s Josipom Brozom Titom, koji je stvorio Pokret nesvrstanih i pomrsio račune mnogim kolonijalnim silama. Pored toga, u Republici BiH je živjelo većinsko muslimansko stanovništvo, a islamofobija nije bila nepoznata i tada u kršćanskoj Evropi. Stoga, Bosni i Sarajevu je uveden embargo na oružje, dovedena "kooperativna" vlast, a do zuba naoružani Miloševićevi fašisti pušteni s lanca. Krug se zatvarao, a genocid provodio direktno nadziran iz svjetskih centara moći, u srcu stare dame Evrope, pred TV-kamerama.

Tek nakon četiri godine terora, ubijanja, masovnih egzekucija, genocida, koncetracionih logora Omarska, Kareterm i dr., poput onih iz Auschwitza, svjetska javnost nije više imala stomak da gleda horor jednak onome koji je provodio Hitler. Nakon štrajka glađu jednog broja francuskih intelektualaca, francuski predsjednik Jacques Chirac nagovara Billa Clintona da zaustave Miloševićev i Karadžićev teror u srcu Evrope.

Voz se lagano ljuljao na blagim okukama tračnica, dok su točkovi u jednoličnom ritmu kloparali. Sve je ličilo kao da kiša pada po krovu. Idealan scenarij za "padanje" u san. Esad je izgubio na moment kontakt s vremenom i prostorom. Misli su mu otišle negdje daleko, unazad nekoliko godina.

Chapter 2

VELIKA SRBIJA

Bio je juni 1989. godine, kada je tadašnji predsjednik CKSK-a (Centralnog komiteta Saveza komunista Srbije), Slobodan Milošević, poručio: "Niko ne smije da vas bije u dolini zvanoj Gazimestan na Kosovu." Obraćao se hiljadama Srba okupljenih u dolini, koji su mu fanatično klicali. Proslavljala se 600. godišnjica bitke na Kosovu, u kojoj je Otomanska imperija ratovala protiv združene bosanske, srpske i albanske vojske. Zatim je u zanosu nastavio:

– "Šest vekova kasnije, danas, opet smo u bitkama i pred bitkama. One nisu oružane, mada i takve još nisu isključene. Ali, bez obzira na to kakve da su, bitke se ne mogu dobiti bez odlučnosti i hrabrosti, bez tih dobrih osobina koje su onda davno bile prisutne na Kosovu. Naša glavna bitka danas se odnosi na ostvarenje ekonomskog, političkog, kulturnog prosperiteta."

Ovim govorom je Milošević postao neosporni srpski nacionalni lider, što je označilo kraj jugoslavenske ideje. Nakon skupa na Gazimestanu ubrzana je kriza u Jugoslaviji, koja je uništena u krvavom ratu koji je vođen u periodu od 1991. do 1995.

Nakon svih tih događaja gdje je režim u Srbiji optuživao i još uvijek optužuje druge republike za raspad SFRJ, zapravo u realnosti Srbija je bila prva republika SFRJ koja se odcijepila s namjerom da uz pomoć JNA prekomponuje SFRJ, stvori novu, skraćenu Jugoslaviju, kojom bi Miloševićeva Srbija dominirala i koju je okruženje prepoznalo kao veliku Srbiju. Godinu dana prije proglašenja nezavisnosti Slovenije i Hrvatske, Srbija je sebe proglasila za samostalnu i suverenu državu koja više nema obavezu poštovanja Ustava SFRJ (Socijalističke Federativne Republike Jugoslavije) i zakonodavstva i koja preuzima sve ključne nadležnosti bivše savezne države: odbranu10 (Jugoslavensku narodnu armiju), međunarodne odnose i Narodnu banku. Sljedećeg proljeća, još uvijek prije proglašenja nezavisnosti Hrvatske i Slovenije, Milošević donosi niz zakona iz nadležnosti bivše federacije.

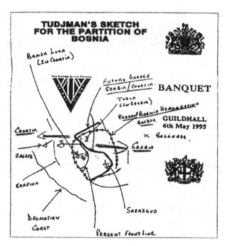

Apsolutno cijela priča o uzroku agresije na Republiku BiH opisana je na salveti koju je nacrtao hrvatski predsjednik Franjo Tuđman i koja pokazuje kako on zamišlja budućnost BiH, podijeljenu između Srbije i Hrvatske i koja je objavljena u Sunday Times 7. avgusta 1995

Prema pisanoj relevantnoj historiji bitka na Kosovu se održala 1389. godine, u kojoj je na jednoj strani učestvovao turski sultan Murat sa svojom vojskom, a na drugoj združena vojska bosanskog Kralja Tvrtka, predvođena Vlatkom Vukovićem te srpska vojska kneza Lazara Hrebljanovića i jedno krilo albanske vojske. Kako tvrde historičari, ishod bitke je bio neriješen, s tim što je u njoj poginuo turski sultan Murat, srpski Knez Lazar, kao i većina vojske na obje strane. Ostaci bosanske, turske i albanske vojske su se povukli, dok je većina srpskih vojnika izginula. Iako je srednjovjekovna Srbija izgubila rat protiv Otomanske imperije još ranije, u bici na Marici, oni su bitku na Kosovu doživjeli kao narodnu tragediju, opjevali je u epskim pjesmama i spominjali svake godine na godišnjicu bitke. Od te bitke je napravljen mit, koji će uveliko odrediti sve historijske događaje na Balkanu od srednjeg vijeka do danas. Mit, kao i svaki drugi mit, imao je ulogu da preuveliča uloga mitomana i minimizira i ocrni ulogu ostalih. Tako je pisana srpska historija, s mitomanijom, po kojoj su im Turci krivi za sve što im se i danas dešava, a svi koji slijede islam su po njima također Turci. Svi susjedi su im neprijatelji, osim Rusa i Grka, bar za sada. Na stranu historijske činjenice koje govore da su Srbi, pošto su se oporavili, postali najveći turski saveznici, što će ubrzo i pokazati ratujući skupa s turskim sultanom Bajazitom protiv mađarskog kralja Sigsmunda, nanoseći mu teški poraz kod Nikopolja. Tako je Srbija "branila" Evropu od turske invazije.

Milošević je po profesiji bio bankar, tada trenutno na funkciji predsjednika Centralnog komiteta Saveza komunista Srbije. Kao osoba čija su oba roditelja počinila samoubistvo, bio je odlična prilika za manipulaciju i stvarni cilj zapadnih obavještajnih službi, koje su radile u to doba na rušenju komunizma. Kao takvim, s njim se moglo manipulirati. Sve što je trebalo odraditi bilo je podgrijati latentni velikosrpski nacionalizam i tako otvoriti Pandorinu kutiju na Balkanu. Zapad u tom poslu nijednu priliku nije propuštao. Milošević je nekoliko puta bio u posjeti zapadnim zemljama, gdje su dogovarani detalji. Uskoro se plan s kodnim imenom "RAM" počeo realizirati. Prema planu, SFRJ se trebala raspasti, a Srbiji, koja je bila zadužena da taj proces dovede do kraja, bili su obećani teritorijalni ustupci. Poruka Miloševiću je bila: „Uradite to, ali bez mnogo krvi."

Agresija na Republiku BiH je započela u Bijeljini 1. aprila, 1992, nakon što su Karadžićevi pobunjenici počeli bacati granate na prodavnice i kafiće u vlasništvu lokalnih Bošnjaka.

Poznati kriminalac iz Srbije, Željko Ražnatović Arkan, osnovao je svoju paravojnu jedinicu "Tigrovi" i krenuo na bosanski grad Bijeljinu. Zajedno s ostalim Karadžićevim pobunjenicima preuzeo je vlast u gradu u kome nisu zatekli bilo kakav značajan otpor. Novoformirana vlast Republike BiH, predvođena predsjednikom Alijom Izetbegovićem, radila je sve što ne treba, između ostalog i totalno neodgovornu pripremu za odbranu od agresije. Odbrana se rađala saomoinicijativno u lokalnim gradovima i selima od strane ljudi koji su shvatili da se radi agresiji sa ciljem rušenja RBiH i eksterminacije većinskog bošnjačkog stanovništva.

Nastao je pravi masakr u gradu. Većina ubijenih bili su Bošnjaci, ali i drugi pripadnici nesrpske etničke zajednice, kao i poneki Srbi koje su Karadžićevi četnici smatrali nelojalnim. Zločine je počinila lokalna paravojska, četnička grupa poznata kao četnici Mirka Blagojevića i Arkanovi Tigrovi. Tigrovi su bili pod komandom Jugoslavenske narodne armije (JNA), koju je kontrolirao predsjednik Srbije Slobodan Milošević.

Tokom masakra ubijeno je oko 50 civila Bošnjaka. Teror se nastavio i tokom sljedećih mjeseci uključujući pljačku, ubijanje, silovanje i protjerivanje Bošnjaka i Hrvata. Početkom 1992. godine takozvana Jugoslavenska narodna armija, sada već pod kontrolom srbijanskog predsjednika Miloševića, rasporedila je artiljeriju sa oko 100 tenkova i preko 1600 minobacača na brdima oko Sarajeva.

U martu 1992. godine u Sarajevu je došlo do sukoba između pripadnika Karadžićevih pobunjenika i policajaca pod kontrolom vlade Republike Bosne i Hercegovine. Do sukoba je došlo kada su Karadžićeve snage na Grbavici i Vracama postavili barikade.

Isti mjesec, 5. aprila 1992. godine, održale su se demonstracije za mir u Sarajevu ispred Paramentarne skupštine Republike BiH na Marindvoru. Karadžićevi snajperisti su pucali sa krova hotela "Holiday Inn" na demonstrante.

Esad se pridružio demonstracijama. Sa prozora zgrade Skupštine smjenjivali su se govornici tražeći mir. Demonstracije su trajale jedno vrijeme dok snajperisti sa hotela "Holidey Inn" nisu počeli pucati iznad glava demonstranata. Zbog toga, okupljeni demonstranti su se uputili ka tadašnjem mostu Vrbanja prema barikadama postavljenim na ulazu u naselje Vraca. Međutim, snajperisti koji su bili pozicionirani s druge strane su otvorili vatru i tu, na mostu, ubili su Suadu Dilberović i Olgu Sučić. Regularne jedinice specijalne policije pod komandom Dragana Vikića su uspjele ući u "Holiday Inn" i pohapsiti Karadžićeve specijalce, međutim, zbog prijetnje odmazdom granatiranjem cijelog grada Vlada RBiH je pristala da oslobodi snajperiste i vrati ih na teritoriju koju su kontrolirali Karadžićevi četnici.

Nekoliko dana prije demonstracija, na bajram, Esadova supruga Jasminka i Esad su sa djecom Edvinom i Ernestom posjetili Jasminkine roditelje na Grbavici. Djeca su željela ostati još koji dan s dedom i nanom pa su ih ostavili na Grbavici. Međutim, počele su stizati vijesti iz Bijeljine o početku agresije na istočni dio Bosne i Hercegovine. To je bio Esadu alarm. Prvo pravilu u ratu, koji je bio sve izgledniji, bilo je da se djeca ne puštaju daleko od sebe.

Odlučio je otići na Grbavicu i dovesti ih kući u Dobrinju. Grbavica je preko noći već skoro bila u rukama Karadžićevih pobunjenika. Njegovi četnici su se već mogli vidjeti na ključnim mjestima gdje su počeli postavljati barikade.

Ipak, Esad je ponio pištolj Beretu, uvjerio se da je magazin pun i krenuo na Grbavicu. Zatekao je djecu kod zabrinutih Jasminkinih roditelja, koji su živjeli u Grbavičkoj ulici u jednom od četiri nebodera. I djeca su bila uplašena, jer su pucnjevi sa obližnjeg jevrejskog groblja sporadično odjekivali. Nisu znali šta se događa i zbog čega se rat priprema. Esad je pokušao nagovoriti Jasminkine roditelje da napuste stan i krenu s njim, ali oni nisu htjeli. Mislili su da niko neće moći ući u grad i da rata neće biti, kako ih je tadašnji predsjednik Predsjedništva BiH, Alija Izetbegović, uvjeravao.

Esad je izašao iz zgrade držeći djecu za ruke, Edvina sa lijeve i Ernesta sa desne strane. Krenuli su ka Aleji lipa uz samu Miljacku. Esad im je rekao da se, ako čuju bilo kakav pucanj u blizini, odmah bace na zemlju. Krenuli su ka bližem Vrbanja mostu kroz Aleju lipa idući pažljivo i osluškujući šta se dešava oko njih. Esad je za svaki slučaj ubacio metak u cijev pištolja i stavio ga u džep mantila, na dohvat ruke. Nakon desetak metara čula se pucnjava u okolini mosta Vrbanja. Očito nije bilo sigurno ići u tom pravcu. Okrenuli su se i polako krenuli ka drugom mostu koji je spajao Grbavicu sa Pofalićima. Išli su polako ka mostu. Djeca su izgledala preplašeno, a Esad ih je umirivao govoreći im da se ništa ne brinu, da ih on čuva. Na samom prilazu mostu u Ulici bratstva i jedinstva stajala je grupa od četiri Karadžićeva četnika s bijelim trakama na rukavu. U Sarajevu im je to bilo sredstvo raspoznavanja. Esad je odmah rekao djeci da se drže blizu njega i zavukao ruku u džep s pištoljem. Trojica četnika s puškama "papovkama" su stajali zajedno gledajući prema autu koje se kretalo Ulicom bratstva i jedinstva prema mostu.

Jedan pokrupni četnik je repetirao kalašnjikov i uperio ga ka vozaču zahtijevajući da zaustavi automobil. Derao se: "Stani bre ili ode glava!" Po izgovoru je bilo jasno da je neko iz paravojnih jedinica iz Srbije.

–"Sreća", pomisli Esad i, dok je grupa četnika legitimirala i maltretirala preplašenog vozača, Esad je s djecom skrenuo ka mostu i užurbanim koracima su sve troje krenuli ka drugoj obali Miljacke. Da nije naišao taj vozač, bilo bi borbe u kojoj Esad s djecom nije imao veliku šansu da preživi. Na drugoj strani Miljacke naišli su na još jednog četnika s "papovkom" na ramenu, starija osoba kojoj očito nije bilo do bilo kakve borbe. Samo su se odmjerili pogledom i Esad je s djecom prošao pored njega. Na tramvajskoj stanici Pofalići ušli su u jedan od posljednjih tramvaja koji je još uvijek saobraćao i krenuli su kući ka Dobrinji.

Bio je lijep sunčan dan u naselju Dobrinja, u južnom dijelu Sarajeva. Nedavno je bio referendum, gdje se 64% građana Republike Bosne i Hercegovino izjasnilo da ne želi biti dio Miloševićeve velike Srbije i da želi nastaviti svoj put samostalno poput Slovenije i Hrvatske. Rukavica je bačena i Milošević nije dugo čekao.

Proljeće je bilo u punom sjaju, nebo vedro, a ulice puste. Odjekivali su pucnji sa prozora i krovova zgrada. Srpska nacionalistička stranka SDS, pod kontrolom Miloševića i Karadžića, naoružala je lokalnu srpsku manjinu, formirala srpsku paravojsku i pokazivala mišiće. Ostali su sa zebnjom iščekivali šta će se desiti. Nadajući se miru i mirnom rješenju krize. Prethodno rukovodstvo Republike BiH je naivno predalo svo naoružanje Teritorijalne odbrane RBiH Jugoslavenskoj narodnoj armiji (JNA), nad kojom je Milošević preuzeo totalnu kontrolu.

Svijet je proglasio embargo na oružje cijeloj regiji, ali, u praksi, embargo se odnosio samo na Republiku BiH, jer je Miloševićeva armada bila do zuba naoružana svim resursima i naoružanjem Jugoslavenske narodne armije. Cinizam i hipokrizija "stare dame" Evrope je bio prisutan tokom cijele historije kada je država Bosna i Hercegovina bila u pitanju.

Jedan tenk JNA je polako prišao stambenim zgradama. Došao je blizu njih i uperio tenkovsku cijev ka zgradama. To je bilo valjda neko upozorenje. Dva MIG-a su u niskom letu preletjela naselje i udaljili se prema aerodromu. Zebnja se uvukla u dom Esada i Jasminke. Dvoje male djece, Edvin i Ernest, gledala su zbunjeno. Zašto neko hoće da ih ubije? Šta su Bogu i narodu skrivili? Od oružja u kući se našao samo pištolj Bereta 7.9 mm i 50 metaka. Dovoljno da se zamjeni glava za glavu, ali, šta ćemo s djecom, oni moraju živjeti. U predvečerje rata bile su potrošene sve zalihe i hrane i novca, jer su firme praktično prestale s radom. Bili su u okruženju Karadžićeve paravojske. Izlaza skoro da nije bilo, već se moglo samo čekati sudbinu.

U zgradi gdje su živjeli bilo je mješovito stanovništvo, Bošnjaci i Srbi i Hrvati. Neposredno pred rat su složno živjeli, posjećivali se, pili zajedno kafe i živjeli bez ikakvih predrasuda i antagonizama. Bog im nije ni trebao. Dogovoreno je da se ulazna vrata preko noći zabarikadiraju i organizuju straže, s ciljem da se niko ne pusti unutra, ma ko on bio. Srbin Drago iz prizemlja je imao lovačku pušku, a Esad pištolj, i to je sve. Stražarili su zajedno ponekad, uz obećanje da ni jedan ni drugi neće držati metak u cijevi. Tako je i bilo.

Napadi Karadžićevih paravojski su intenzivirani. Pucali su na naseljene zgrade svaki dan. Život je postajao nemoguć. Zalihe hrane skroz potrošene, a oči prestrašene djece su pokazivale da glad uzima danak. Nešto se pod hitno moralo uraditi. Komšije predlažu da se predamo. Pripadnici bošnjačke stranke SDA, tada na vlasti u koaliciji sa srpskom strankom SDS i hrvatskom HDZ, shvataju da koalicija više ne postoji. Kada su osvajali vlast, obećali su građanima: "Ljudi smo, dogovorit ćemo se, samo da skinemo komuniste." Ispalo je sasvim suprotno; bio je to rat, agresija, čiji je krajnji cilj bio stvaranje velike Srbije i velike Hrvatske na teritoriji Republike Bosne i Hercegovine. Rukovodstvo SDA stranke nije ništa uradilo da pripremi odbranu države, a lokalni članovi SDA su pokušavali nemoguće – organizirati odbranu bez oružja, s embargom na oružje i s odsječenim svim putevima prema vanjskom svijetu. Gori scenario za žrtve se nije mogao zamisliti.

Ipak, jedan od lokalnih aktivista SDA, osoba po imenu Reuf, organizira sastanak u obližnjem lokalu. Okupilo se oko tridesetak ljudi iz obližnjih zgrada. Uputa je bila da pratimo šta se dešava i organiziramo odbrambene snage. Esad dobija ulogu da komanduje vodom koji se sastojao od jednog dede i dvojice mladića, za početak, a kasnije bi vod narastao.

Na pitanje gdje je oružje odgovor je bio da će stići uskoro. Taktički zadatak je bio da se brani prilaz naselju iz pravca Lukavice, gdje se nalazila kasarna JNA sa oko dvadesetak tenkova i isto toliko oklopnih transportera i nekoliko četa do zuba naoružanih pripadnika Karadžićeve paravojske. Ishod takve "odbrane" bi bio poznat u roku od par minuta. Ipak, ako bi se napravili Molotovljev kokteli, bar neka šteta bi se mogla nanijeti neprijatelju prije poraza. Esad zagovara takvu ideju među komšijama i dobija odgovor: "Ma pusti, ako krenu na nas, ne pucaj, poklat će nas sve." Komšije su odlučile da se predaju i tako je na kraju i bilo. Esad nije mislio tako. Ako ne može pružiti otpor ovdje, može na drugom mjestu. Pored toga staviti sudbinu supruge Jasminke i djece u ruke razularene Karadžićeve paravojske nije opcija uopće. Pravi se plan evakuacije. Na raspolaganju je imao Fiat 600 komšije Mirnesa, ali bez kapi benzina.

Esad je imao par litara s kojima je namjeravao napraviti Molotovljev koktel. S Mirnesovim autom i Esadovim benzinom ako ništa prvi zahtjev, a to je transport, bio je moguć. Dogovor je bio da idu skupa. Mirnes nije imao nikakvo oružje i Esad mu je bio potreban u slučaju da dođe do borbe na putu. Plan je imao šansu, jer su još uvijek postojale samo barikade, a ulične borbe nisu započele u punom intenzitetu. Brz prolaz u rano jutro kroz barikadu u Nedžarićima imao je šansu. Tako se i

desilo. U rano jutro su punom brzinom projurili kroz Nedžar-
iće i sretno stigli na, uslovno rečeno, slobodnu teritoriju na
Koševskom Brdu. Tu ih je čekala Jasminkina sestra Nermina s
dvoje male djece, Mirnom i Damirom.

Chapter 3

VELEŠIĆE TUCI I POFALIĆE TUCI, TAMO NEMA SRPSKOG ŽIVLJA PUNO

Bio je april 1992. Sarajevo je bilo u potpunom okruženju Miloševićeve JNA i Karadžićevih paravojski. U obruču dugom 62 kilometra, na okolnim brdima bilo je razmješteno 1.600 topova i minobacača, 100 tenkova, 180 oklopnih transportera, više od 500 protivavionskih mitraljeza i protivavionskih topova i još 150 oruđa većih kalibara. Obruč je pripreman i izveden bez apsolutno bilo kakve reakcije aktuelne vlasti Republike BiH, na čijem je čelu bio presjednik Alija Izetbegović. Sticao se utisak da se obruč stezao kao po dogovoru. A u gradu građani skoro bez ikakvog oružja. Sve da je svjetski embargo na oružje i bio podignut, vlast Republike BiH nije imala solidan plan da ga nabavi, osim par pokušaja gdje se pokušavalo i donekle uspjevalo kroz Hrvatsku dopremiti neko oružje, uz davanje dijela tog oružja hrvatskoj vojsci. Odbrana je zavisila od nešto oružja koje je zatečeno u policijskim stanicama i lovačkih pušaka pojedinih građana koji su prije rata išli u lov. Građani su ostavljeni sami na milost i nemilost srpskim paravojskama i Miloševićevoj JNA, tada po snazi četvrte armije u Evropi. Presječene su skoro sve komunikacione linije, dovod struje, vode i hrane. Pojedine policijske stanice su povremeno uspijevale da uspostave telefonsku liniju sa spoljnim svijetom. Na grad je dnevno padalo oko 300 projektila sijući smrt nad civilima i djecom, a snajperi su djelovali danonoćno tražeći ciljeve među narodom koji su čekali u red za vodu, na mjestima gdje je vode još uvijek bilo i na mjestima gdje bi se ljudi okupljali da sahrane najbliže. Stigle su i kamere svjetskih medija i „peace keeping" snage Ujedinjenih nacija sa zadatkom da motre situaciju, ne miješaju se i izvještavaju UN o razvoju situacije. Prvi novinski izvještaji, propagandno prosrpski orjentirani, lažno su obavještavali svjetsku javnost da vladine snage Bosne i Heregovine napadaju srpska sela okolo Sarajeva.

Esad i Jasminka, kao i njena sestra Nermina, bili su u očaju. Nisu mislili na sebe, već na to kako spasiti četvero djece od granata, snajpera i gladi. Sarajevska Univerzitetska bolnica na Koševu je pregovarala s Karadžićem evakuaciju osoblja bolnice. I sam Radovan Karadžić, porijeklom iz Crne Gore, studirao je tu, specijalizirao psihijatriju i radio do početka agresije na RBiH. Zločinac u duši, Radovan Karadžić je ipak svojim bivšim kolegama obećao slobodan prolaz van grada kroz Ilidžu. Srećom, i Jasminka i Nermina su bile doktorice i tu je bila šansa da se evakuiraju s djecom. Nerminin muž Duško, inače bivši kapetan JNA, već se bio predao Hrvatskom vijeću odbrane (HVO) u Čapljini i sproveden je sa svojih nekoliko vojnika u zatvor u Splitu. Po prirodi je bio pacifista i nije mu padalo na um da ratuje protiv svojih sugrađana, s kojim se tokom službe sprijateljio. I oni su njega poštovali. Komandir HVO-a je poručio Nermini da se ona i djeca ne brinu i da je očeva glava ostala na ramenu. Tom predajom je Duško spasio živote i svojim vojnicima koji bi sigurno poginuli da su pružili otpor.

Esad je planirao da ostane u Sarajevu i priključi se Teritorijalnoj odbrani Republike BiH. Sve je ličilo na scene iz nekog apokaliptičnog filma. Oni koji su imali neke veze s Univerzitetskom bolnicom na Koševu, a odlučili se da napuste grad, žurili su se ka bolnici. U ulici koja je vodila ka bolnici već se redao niz automobila i malih kamiona praveći konvoj. Ko je imao više mjesta u automobilima primao je druge osobe, mahom žene i djecu. Odrasli muškarci se nisu usuđivali priključiti konvoju znajući da ih čeka četnička barikada na Ilidži s naoružanim pripadnicima srpskih paravojski.

Jasminka i Esad, sa sinovima, dvanastogodisnjim Edvinom i osmogodišnjim Ernestom, stajali su zajedno gledajući hoće li ih ko primiti. Nermina je s kćerkom Mirnom i sinom Damirom već pronašla putnički automobil koji će ih primiti.

Uskoro je stigao i mali kamion Karitasa pored kojeg je stajao Esadov prijatelj Željko. Znali su se od ranije sa fakulteta, a, isto tako, obojica su bili članovi Kulturno-umjetničkog društva "Ivo Lola Ribar". Željko je pristao da ubaci Jasminku s dvoje djece u kamion Karitasa, zajedno sa njegovom suprugom. Ni Željko nije htio napustiti grad. Rastanak je bio bolan. Edvin i Ernest su bili pripijenu uz majku. Edvin nije želio da ostavi oca, uporno se borio da ostane s Esadom. Ipak kamion je krenuo. Plačna lica djece i Jasminke su virila ispod cerade mašući. Je li to bio posljednji pozdrav, niko nije znao. Kamion je polako nestao na kraju ulice. Neka zebnja se uvukla Esadu oko srca. Hoće li uspjeti proći barikade?

Chapter 4

KONVOJ

Konvoj se polako kretao kroz grad, dok su povremeno odjekivali pucnjevi sa okolnih brda. Za Romanijski korpus Karadžićevih pobunjenika to je bio "normalan radni dan". Kritično je bilo proći pored Vojne bolnice, jer je tu bio smješten dio snajperista. Iz kamiona se čuo poneki šapat. Svako se molio Bogu na svoj način, držeći dijete u krilu. Kada bi odjeknuo pucanj u blizini, svi bi zalegli koliko su mogli pokrivajući tijelom djecu.

Nekako je konvoj došao do Ilidže. Za izbjeglice je taj put izgledao kao vječnost. Znali su da postoji dogovor da žene i djeca iz koševske bolnice mogu napustiti grad, ali, ipak, može li im se vjerovati? Znali su iz historije da je za srpske ekstremiste iz Drugog svjetskog rata, u narodu poznate kao četnici, biti dijete značilo je da si manji po visini od puške. A Edvin sa navršenih 12 godina je bio viši za glavu od te mjere. Znali su i da se rijetko koji zarobljeni muškarac razmjenjivao, uglavnom su nestajali. Strah se Jasminki uvukao ukosti.

−"Ima li muškaraca?", povika četnik sa šajkačom i srpskom kokardom na glavi, dok je podizao zadnji dio cerade kamiona.
−"Ima", povika jedno dijete, dižući se na noge i ne shvatajući o čemu je reč, dok ga je majka povlačila nazad da sjedne. Edvin i Ernest su se šćućurili iza Jasminke da izgledaju što manji.

21

Četnik ga pogleda, bio je manji od puške očito, pa onda preleti pogledam po kamionu. Bio je to manji kamion marke TAM, koji je spadao u klasu do 3 tone i prostor unutra je bilo lahko pregledati jednim pogledom.

–"Ovdje nema ništa", reče četnik i spusti ceradu. Svi su odahnuli.

Do Travnika konvoj je putovao sporo, a prašina koju su podizala ostala vozila je prodirala u kamion. Malo ko je imao neku hranu i vodu, i to malo što je bilo dijelilo se djeci. U Travniku su ipak uspjeli ući u autobuse i tako stići do Splita.

U Splitu su se Jasminka i Nermina s djecom smjestili privremeno u stan kod Nermininog prijatelja. Znali su se od ranije, družili i posjećivali. U to vrijeme i Hrvatska se borila protiv JNA i Miloševićevih paravojski, koje su imale u samom početku za cilj stvoriti veliku Srbiju na cijeloj teritoriji Bosne i Hercegovine i dijela teritorije Hrvatske. I Bosanci i Hrvati su imali zajedničkog neprijatelja u tom momentu i solidarnost između Splićana i Sarajlija je bila na djelu. Zapravo, godinu dana ranije, 25. marta 1991., dogodio se tajni sastanak između predsjednika Srbije Miloševića i predsjednika Hrvatske Tuđmana u Karađorđevu, u kome je dogovoreno da se država Bosna i Hercegovina podijeli između njih, ali taj dogovor tada još nije bio procurio u javnost.

Esadova sestra Beba, koja je živjela s porodicom u Londonu, poslala je Jasminki, Edvinu i Ernestu avionske karte za London, a Nermina se s djecom Mirnom i Damirom nekako dokopala Holandije. Njen muž Duško je ostao u zatvoru u Splitu. Tu pomoći nije bilo. Džaba su Nermina i djeca molila i plakala, Duško je bio kapetan neprijateljske JNA i, dok agresija na Hrvatsku traje, on mora ostati u zatvoru. Nije pomoglo ni to što se Duško odmah u aprilu predao jedinicama HVO-a, jer nije želio ratovati, kako je govorio, "protiv krave koja daje mlijeko". Naime, prijeratnu JNA je naoružavala, snabdijevala i hranila do tada čitava Jugoslavija. Shodno podmukloj dugoročnoj strategiji Srbije, oni su decenijama školovali i ubacivali oficirski kadar u zajedničku JNA, tako da je njihova brojnost u vođenju JNA bila ogromna i u datom momentu 1991. godine Srbija je, zahvaljujući tome, preuzela kompletnu JNA i sve njene resurse. Nekada Titina armija koju je formirala cijela Jugoslavija preko noći je postala armija Republike Srbije i po snazi je bila četvrta armija u Evropi. Miloševićevi saveznici u Evropi su u isto vrijeme uspjeli da nametnu ostalim republikama Jugoslavije embargo na oružje, čime su im praktično skoro oduzeli pravo na odbranu. Bili su to sramni dani evropske historije. Tu je Republika BiH najgore prošla, jer je geografski bila zatvorena između Srbije i Hrvatske, a već je postojao podmukli dogovor između srbijanskog predsjednika Miloševića i hrvatskog predsjednika Tuđmana da Republiku BiH podjele između sebe.

Esadova sestra i Ramon su došli na Heathrow da dočekaju Jasminku i djecu. Jasminka je bila utučena i pomalo bijesna što joj se sve ovo događa. Srdačno su se pozdravili i krenuli kolima ka Richmondu. Svjetla Londona su djelovala na njih kao neka začarana bajka. Dolazak iz Sarajeva, u kojem nisu radila ulična svjetla i u kojem je vladao stravični mrak i pustoš, a skoro svi semafori uništeni granatama, u London, sa svim blještavilom, bio je očaravajući. Gledali su u prvi semafor koji su vidjeli na prvoj raskrsnici. Za one koji su uspjele izaći iz opkoljenog Sarajeva vidjeti semafor koji radi značilo je da su na slobodnoj teritoriji i povratak u normalni svijet.

—"Mama, vidi šta piše na pješačkom prelazu", uzviknu Edvin pokazujući natpis ispisan na cesti.

Pisalo je "Look right", a sa druge strane ceste pisalo je "Look left". "Sine, ovo je uređena država gdje ti je sve nacrtano", reče Jasminka. Na jednom zidu pisalo je "Čuvaj se djece", čiju poruku nisu shvaćali.

Esadova porodica je provela neko vrijeme kod njegove sestre Bebe, a zatim je smještena u lokalni prihvatni centar za beskućnike popularno nazvan "Bed and breakfest", da bi na kraju dobili omanji jednosoban stan u naselju Londona zvanom Hounslow.

Vlada Velike Britanije nije primila puno izbjeglica iz Bosne i Hercegovine, ali vodila je računa o onima koje je primila shodno svojim zakonima, koji su uvedeni još tokom primanja brojnih izbjeglica iz bivših kolonija.

Chapter 5

RATNA JEDINICA ŠTABA TERITORIJALNE ODBRANE KOŠEVSKO BRDO

Esad, pripadnik RJ
ŠTO Koševsko Brdo
Maj 1992, Sarajevo

Naselje Ciglane u podnožju Koševskog Brda je u to doba izgrađeno kao mondensko naselje za sarajevsku elitu. Tu su stan od države ili državnih firmi uglavnom dobijali direktori, visoki funkcioneri partije i njima bliske osobe. Ostale proste "duše" su dobijale stanove po skromnim naseljima u Novom Sarajevu. Stare sarajevske familije su uglavnom nasljeđivali kuće, imanja i zanatske radnje u Starom Gradu i centru Sarajeva. U podnožju zgrada na Ciglanama nalazio se široki plato i niz poslovnih prostora. U jednom od njih nalazila se i lokalna kancelarija stranke SDA. Ostale stranke poput Saveza komunista, Socialističke demokratske partije, Demokratskog socialističkog saveza Bosne i Hercegovine i Saveza reformskih snaga su se zavukle u mišiju rupu čekajući ishod Miloševićeve agresije. Iako su Miloševićeve špijunske agencije poput UDBA-e i KOS-a imale jak uticaj na vrh SDA stranke, sa svojim ubačenim špijunima, uključujući i samog predsjednika stranke Aliju Izetbegovića, na lokalnom nivou ćelije SDA su organizirale samoodbranu. Esad je odlučio stupiti u redove Teritorijalne odbrane Republike BiH, a ulaznicu mu je trebala dati stranka SDA.

Pripremio je sva lična dokumenta, obukao najbolje šta je imao i ušao u kancelariju SDA. Za pultom je sjedio čovjek srednjih godina, crne kose u braon jakni.

–„Dobro jutro", reče Esad gledajući čovjeka pravo u oči i pokušavajući ocijeniti je li to osoba s kojom može razgovarati.

–„Selam", reče čovjek i podiže glavu gledajući upitno u Esada.

–„Nisam siguran je li ovo pravo mjesto, ali ja bih želio da se priključim Teritorijalnoj odbrani Republike BiH. Možete li me uputiti gdje da se prijavim?", reče Esad.

Čovjek ga odmjeri od glave do pete. „Nema potrebe sada za tim, mi imamo dovoljno ljudi, ali nemamo oružja."

–„Pa dobro, uredu, ali, možete li me staviti na spisak i pozvati kada nabavite oružje?"

–„Čekaj da provjerim u centrali", reče čovjek i ležerno podiže slušalicu.

Nekim čudom su telefoni još uvijek radili i vjerovatno su služili Karadžičevim "spavačima" u Sarajevu za dojavljivanje akcija Teritorijalne odbrane. To im i nije bilo teško, jer su ljudi u skloništima glasno komentirali svaku buduću akciju.

–„Halooo!", reče čovjek podižući glavu i obrve zauzimajući pozu generala. „Ovdje Salko Pitić!"

–„Halo, ovdje Burek Haso, izvolite!", čulo se sa druge strane.

Čovjek nabra čelo, namršti se i reče prijeteći:

–„Ovdje stvarno Salko Pitić, a ko je to tamo?"

–„Pa i ovdje je jarane stvarno Burek Haso, šta ste željeli?"

–„Je l' to ti ga meni ga ti to... meni ga ti to, je li, je l' to ti ga, ha?", zagrmi čovjek ustajući sa stolice i vitlajući rukom s podignutim srednjim prstom.

Svađa nije prestajala i Esad je shvatio da od njegove molbe neće biti ništa.

–„Njima i nije do odbrane", pomisli i izađe iz kancelarije.

Ipak, i pored očite sabotaže iz vrha vladajuće stranke SDA, odbrambene snage su nicale samoinicijatvno u raznim dijelovima grada i države, uključujući i lokalne centrale stranke SDA, koje KOS-ovi infiltrati iz rukovodstva SDA još nisu uspjeli sabotirati. Privatnici iz Starog Grada su organizirali jedinicu zvanu „Zelene beretke". Veliki dio građana je pristupio „Patriotskoj ligi", a jedan dio je prišao Teritorijalnoj odbrani Republike BiH i Ministarstvu unutrašnjih poslova Republike BiH, odnosno lokalnoj policiji.

Nermina je ostavila Esadu malokalibarsku pušku, koju je posjedovao njen muž prije rata. Imala je kalibar 0.56 mm s dometom od jedva 100m. Puška je također imala optički nišan. Bio je to radije neki trofej, nego oružje za ozbiljnu odbranu. „Ipak bolje i to nego ništa", mislio je Esad. Preko Nermininog prijatelja Nermina Esad je nekako uspio ući u redove Teritorijalne odbrane RBiH drugog maja 1992. Pošto je tokom redovne predratne službe u JNA obučen za komandira odjeljenja, sa činom desetara, komanda TO Republike BiH mu je dala čin vodnika. Postao je pripadnik Ratne jedinice štaba Teritorijalne odbrane Koševskog Brda. Na spisku njegovog voda su bila dvojica momaka, Abdulah i Mirsad, koji, kao komandiri odjeljenja sa po nekoliko tek stasalih mladića, jedva da su imali 18 ili 19 godina. Niko od njih, osim Esada i još par ljudi s lovačkim puškama, nije imao nikakvo oružje. Momci nisu imali nikakvo vojno obrazovanje, jedva da je bilo moguće okupiti ih i poredati u neki vojni stroj. Bili su na spisku za slučaj da se neko oružje kupi ili otme. Ipak, poneko od njih je imao lovačku pušku pa je bilo moguće organizirati straže na pojedinim prilazima naselju. U to vrijeme se tek formirala Teritorijalna odbrana Republike BiH, mada je to vlada trebala uraditi mnogo ranije, još dok je bjesnio rat u Hrvatskoj.

Okosnica tog otpora bile su policijske i samoorganizirane patriotske snage iz svih dijelova grada. Skoro svi u gradu su htjeli da brane i grad Sarajevo i Bosnu i Hercegovinu. Čak su i kriminalci u zatvorima tražili da ih se uključi u odbranu grada. Ponudili su i svoju "časnu" zakletvu svih zatvorenih kriminalaca Sarajeva. Ponudili su zakletvu koja je izgledala nekako ovako: "Mi kriminalci smo prije rata krali, a vi policajci ste nas hvatali. Dopustite nam sada da vam se pridružimo i da branimo grad zajedno sa vama. A poslije rata mi ćemo opet krasti, a vi ćete nas hvatati." Otpor u gradu je početkom agresije bio stvarno multietnički, javljali su se u odbranu i Bošnjaci i Srbi i Hrvati. Tek kasnije KOS je u dogovoru s Tuđmanom i hrvatskom tajnom službom dogovorio dovođenje kroz Hrvatsku dobrovoljaca iz arapskih zemalja, čime je htio prikazati svijetu da se u Bosni vodi vjerski, a ne odbrambeni, domovinski rat i čime je htio igrati na kartu islamofobije. Ti dobrovoljci, nekih 300, nisu Bosni ni trebali, jer je TO imala dovoljno ljudi, ali ne i oružja, a njihovo ponašanje, gdje nisu marili za ratna pravila ponašanja i konvencije, samo je naštetilo odbrani Bosne. S druge strane, dobrovoljci iz Rusije, Francuske i Grčke, koji su se pridružili Karadžićevim teroristima, nisu od svjetske javnosti smatrani problematičnim.

Tog 2. maja se vodila i presudna bitka za odbranu grada, ali i odbranu države Republike BiH. Taj dan je bio sudbonosni „dan D" i za grad i za cijelu državu. Napad paravojnih formacija Karadžićevih terorista potpomognutih jedinicama JNA s tenkovima, minobacačima i svim artiljerijskim oružjem kojim su raspolagali počeo je u četiri sata ujutro. Združena odbrana grada predvođena specijalcima Dragana Vikića s ukupno 200-300 ljudi tada je odbranila grad. Zaustavljeni su na Vrbanja mostu, a drugi pravac napada Karadžićevih četnika bio je iz pravca bolnice Jagomir, s namjerom da presjeku grad. U tom međuprostoru nalazila se kasarna Maršal Tito, s vojskom i rezervistima JNA i računali su da će na taj način okupirati Presjedništvo RBiH, postaviti svoju vlast i tako pokoriti cijelu državu.

Bitka za odbranu Sarajeva 2. maja 1992.

Isti dan JNA je izvršila otmicu Alije Izetbegovića, tadašnjeg predsjednika Predsjedništva Republike BiH zajedno s delegacijom, s kojom se vraćao sa pregovora iz Lisabona. Predsjednik Izetbegović je zadržan na aerodromu, a potom prebačen u Lukavicu u kasarnu JNA odakle je razmjenen za generala JNA Milutina Kukanjca, koji je komandovao napadom na grad. Napad nije uspio, branioci su uspjeli odbraniti grad, ali je opsada grada trajala 1425 dana.

Snajperi su sijali smrt i sa okolnih brda i sa pojedinih zgrada u samom Sarajevu gdje su Karadžićeve paravojske infiltrirale svoje ubice. Tokom noći te su snage navodile artiljerijsku vatru na odbrambene ciljeve šaljući signale baterijama s raznim svjetlećim bojama.

–„Velušiće tuci, Velušiće i Pofaliće tuci, tamo nema srp-
skoga življa mnogo", naredio je Mladić jednom od artiljerijskih
zapovjednika Karadžićeve paravojske 28. maja 1992. godine,
pogrešno izgovarajući ime sarajevskog naselja Velešići.

–„A tuci ono oko one Dobrovoljačke, oko one Humske gore,
i Đure Đakovića gore. Ali, idi na artiljerijsko osmatranje, da ne
mogu da spavaju, da razvučemo pamet njihovu", zapovijedao je
Ratko Mladić, tadašnji glavni komandant srpskih paravojski.

–"Možeš li da tučeš Baščaršiju? Po Baščaršiji plotun pali. Di-
rektnim pogocima držite pod vatrom Predsjedništvo i Skupšt-
inu. Tucite polako, u intervalima, dok ja ne naredim da se
prekine", slijedila je nova naredba artiljeriji. A Sarajevo nije
tada imalo apsolutno ni jedno artiljerijsko oružje da odgovori
na vatru. Sve je ličilo na napad krvožednih vukova na nemoćno
stado ovaca.

Te noći je zapaljen veliki dio zgrada u centru Sarajeva, a broj
ranjenih koji su dovezeni u lokalne ambulante i bolnice prešao
je stotinu u samo par sati.

Civili sa Koševskog Brda nisu voljeli da se okolo motaju ni
pripadnici Teritorijalne odbrane ni policije. Razlog za to je bio
logičan. Gdjegod je vojska, tu padaju granate i djeluju snajperi.
I stvarno, straže na raskrsnicama su bile postavljene samo
preko noći u samom naselju, a glavnina TO je bila smještena na
periferiji naselja, prema brdu Poljine koje su držali Karadžićevi
teroristi. Inače sama komanda TO je bila smještena u obližnjoj
školi, koja je bila na određenoj distanci od svih okolnih zgrada.
Granate su redovno padale po naselju, ubijajući uglavnom
civile. Pored toga, Karadžičevi teroristi su terorizirali grad pu-
cajući po gradu iz protivavionskih topova. Njihovi snajperi,
pritajeni u samom gradu, pucali su po bilo kome ko se kreće
i ko im je bio na dometu. Sa zgrada na Ciglanama djelovali
su uglavnom noću svjetlećim mecima pokušavajući pogoditi
lokalne straže na raskrsnicama.

Jedno veče Nermin i Esad su se zadesili na straži blizu jedne zgrade. Sa krova zgrade počeo je djelovati snajper po njima. Nermin je imao Kalašnjikov AK 74, a Esad Beretu 7.9mm.

U blizini je stanovao i Rasim, stariji čovjek, koji je imao iskustvo ratovanja iz Drugog svjetskog rata i koji je također imao neku starinsku pušku.

–„Rasime, pokrivaj me!", uzvikivao je Nermin dok je otvarao vatru na snajperistu koji je djelovao sa krova susjedne zgrade, spuštajući se ka zgradi pokušavajući da dođe do ulaza. Zbog unakrsne vatre, snajper se povukao. Na krovu su se mogli naći samo čahure.

Nakon nekog vremena Esad je uspio konsolidirati svoj vod, ali s vrlo malo oružja. Dio njih je redovno išao u obližnji napušteni restoran na periferiji Koševskog Brda, gdje je bila glavna baza lokalnih snaga TO RBiH. Izgledalo je da Karadžićeve snage, iako višestruko bolje naoružane, nisu imale ambiciju da prodru u taj dio grada. Prioritet im je bio strateško brdo Žuč gdje su se vodile žestoke bitke, nakon što je Patriotska liga uspjela ovladati Pofalićima, strateški važnim dijelom grada.

Esad je pokušavao regrutirati što veći broj vojnika u svoj vod. Uglavnom je imao nekoliko naoružanih ljudi s lovačkim puškama i većinu nenaoružanih mladića od jedva 18 godina. Neki od njih su i dalje bili samo tinejdžeri, sanjari s dugom kosom i minđušama. Da bi se stavili u borbenu gotovost, trebalo je oružje i trening, jer većina nije služila vojsku u predratnoj Jugoslaviji. Bilo je i otpora regrutaciji, pogotovo od strane izbjeglica, kojima su Karadžićevi pobunjenici ulili strah u kosti svojim zvjerstvima.

Na pitanje da im se pridruži u jedinice TO, jedan od izbjeglica je pretrnuo od straha, a zatim rekao: „Može, ali samo iza postrojbi NATO snaga." Bio je svjedok mnogih zvjerstava i pomisao da se vrati tamo odakle je protjeran mu je ledila krv užilama.

–„Je li to ono: Ide Mujo preko Romanije i on vodi NATO divizije", upita Esad s ironičnim osmijehom na licu.

–„Aha", reče tip smijući se šeretski.

–„Načekat ćeš se ti da ti dođu te divizije", odgovori Esad razočarano.

Bilo je i drugih primjera, gdje su mnogi molili da ih prime u redove Teritorijalne odbrane. Jedan mladić, skoro dijete od 16 godina, po imenu Muamer je bio jako uporan, ali, pošto nije bio punoljetan, to mu nije bilo dozvoljeno. Također, početkom agresije brojni etnički Srbi i Hrvati, koji su se osjećali više Bosancima, a manje Srbima i Hrvatima su se pridružili odbrambenim snagama.

U komšiluku je bilo dosta omladine među Srbima i Hrvatima koji su se našli na teritoriji koju su kontrolirale vladine snage. Bili su zbunjeni, bilo im je neugodno i nisu znali šta da rade. Neki, koji su Bosnu i Hercegovinu smatrali svojom domovinom, prelomili su i uključili se ili u TO Republike BiH ili u lokalnu policiju.

Jedno jutro Esada je posjetio momak iz komšiluka, Srbin koji je imao isto prezime kao zloglasni četnik iz istočne Bosne – Pandurević. I on je imao bradu, bio je visok i crnomanjast.

–„Zdravo Esade, znam da si vodnik u TO RBiH, da imaš svoju jedinicu, pa bih te nešto zamolio", reče momak potpuno ozbiljan i odlučan.

–„Izvoli", reče Esad znatiželjno.

Momak se uspravi, udahnu zrak i reče: „Želio bih se piključiti tvojoj jedinici TO."

–„Zašto baš kod mene, jesi li pitao generala Divjaka, on bi ti to brzo sredio", reče Esad podižući obrvu.

–„Pa, ti djeluješ u ovom dijelu grada, a u tvom vodu ima dosta mojih drugova iz škole."

Esad ga pogleda s osmijehom. „Bilo bi mi drago da te primim, ali, bojim se, ima i kod mene nepismenih pa bi ti neko mogao nešto opsovati kada vidi tvoju bradu."

–„Pa, znaš, ja nisam nacionalista, ako mi opsuje majku, ja ću ga razbiti šakom, a, ako mi opsuje srpsku majku, ja ću tražiti od tebe da reaguješ."

–„Pošteno", reče Esad, „ja ću tvoj zahtjev još sutra proslijediti komandi."

Momak Pandurević je bio primljen u TO, jedno vrijeme je proveo u Esadovoj jedinici, a onda je bio prekomandovan negdje u centar grada.

Chapter 6

U REDU ZA HLJEB

U proljeće 1992. godine glavni grad Republike BiH, Sarajevo, bio je potpuno blokiran od strane Karadžićevih terorista. Građani su tokom noći mogli vidjeti kako se duge kolone vojnih vozila i tenkova kreću ka perifireji grada i raspoređuju po okolnim brdima. Karadžić je tada izdao zapovijed svojim teroristima: „Ni ptica ne smije izaći iz grada." Inače, kao seljačko dijete sa Durmitora, mrzio je sva urbana naselja, a pogotovo grad koji ga je odškolovao i dao mu posao.

Dok je studirao, stanovao je kao podstanar kod jedne muslimanske porodice koja ga je pazila kao rođeno dijete. I sam se hvalio kolegama kako je uživao u baklavama i hrani koju je od njih dobivao. Ipak, u svojoj bolesnoj „poeziji" je napisao: „Hajmo u gradove da bijemo gadove."

Grad je ostao bez struje, a voda se mogla naći samo na perifernim dijelovima grada koji nisu bili priključeni na glavni vodovod. Hrane je sve više nestajalo, a i to što se moglo naći prodavalo se po visokim cijenama. Teroriziranje grada je bilo svakodnevno. Sa okolnih brda djelovala je artiljerija i protuavionski mitraljezi, a u pojedinim dijelovima grada djelovali su snajperisti. Ipak, narod je morao izlaziti na ulice radi snabdijevanja vodom i kakvom-takvom hranom, gdje se još uvijek mogla naći.

U centru grada, u ulici koja je tada nosila ime po poznatom partizanskom heroju Vasi Miskinu, postojala je jedna prodavnica koja je još uvijek imala nešto zaliha i gdje se mogao kupiti hljeb. Ulica je spajala glavnu Titovu ulicu i stari dio grada s Baščaršijom.

Bio je 27. maj 1992. i Esad se zaputio ka UNIS-ovoj poslovnici pored gradske katedrale Srca Isusova, koja se nalazila baš u toj ulici. Čuo je da neka grupa volontera skuplja pisma građana i na neki način uspijeva da ih pošalje širom svijeta. Htio je da pošalje pismo Jasminki i djeci s porukom da je živ i zdrav i da se ne brinu. Na kraju se ispostavilo da nijedno pismo iz te poslovnice nikada nigdje nije stiglo, ali on to tada nije znao.

Pored Vječne vatre, na samom ulazu u ulicu Vase Miskina, sreo je komšiju iz Dobrinje. Počeli su priču nadugo i naširoko o ostalim komšijama i poznanicima, gdje su i jesu li uopće živi. Zanimao ih je svaki detalj, jer se radilo o ljudima s kojima su godinama zajedno živjeli. Saznao je da su svi stanari iz njegove zgrade pohapšeni od strane četnika i odvedeni u zatvor na „Kuli". „Kula" je bio predratni restoran koji je tokom agresije pretvoren u zatvor. „Nisu htjeli da se brane, a zapravo nisu ni imali čime", pomisli Esad. I njega bi ista sudbina zadesila da je ostao tamo. Zapravo, da je ostao tamo, sigurno bi poginuo, jer je znao da se nikada ne bi predao četnicima. S pištoljem, Beretom kalibra 7.9 mm, kojeg je imao ne bi imao nikakvih šansi da odbrani sebe i porodicu pored četnika naoružanih kalašnjikovima i bombama.

U jednom momentu kod Esada je proradio neki instinkt, koji mu je govorio da se makne s tog mjesta. Neki se nemir i

predosjećaj uvukao u kosti. Naprasno je prekinuo ćaskanje i uz
izvinjenje krenuo dalje. Stigao je do prodavnice u kojoj je narod
kupovao hljeb. Bio je to dug red i niko nije znao hoće li moći
ugrabiti ijedan komad hljeba, jer bi zalihe za taj dan obično bile
brzo rasprodane. Prošao je pored njih i krenuo dalje ka UNIS-
ovoj poslovnici. Kada je stigao do gradske katedrale, začuo je
snažan tresak granata. Pale su baš na građane koji su stajali u
redu za hljeb.

Masakr u ulici Vase Miskina, Sarajevo, 27. maj 1992.

Čuo se jauk i vriska žrtava. Poslije treće granate Esad je
potrčao nazad da vidi šta se dešava. Na desetine ljudi su ležali
u lokvi krvi, neki bez ruke ili noge. Kasnija istraga je utvrdila
da su Karadžićevi četnici sa lokaliteta Borija ispalili tri gran-
ate. Granate su ubile 26 građana i teško ranili 108. Teror je
uzimao novi zamah. Postojali su Karadžićevi ljudi u gradu koji
su dojavljivali četnicima gdje se narod najviše okuplja. Ovakva
zvjerstva nisu mogli napraviti neki neobučeni pobunjenici, već
je to mogla napraviti samo dobra obučena vojska predvođena
oficirima JNA, koji su znali upravljati artiljerijskim oružjem.

Karadžićeva propaganda je slala vijesti širom svijeta da „muslimani" sami sebe ubijaju, a UN- ove snage UNPROFOR-a po običaju su tvrdile da ne znaju ko to tamo puca. Žarko su željele da povjeruju sopstvenim lažima.

Tijela su ubrzo bila sklonjena s mjesta zločina, povrijeđeni poslati u prenatrpane bolnice, a Esad se zahvaljivao Bogu što mu je poslao neki „znak" da se skloni. Da je ostao u razgovoru s komšijom samo dva minuta duže, nalazio bi se baš na mjestu gdje su tom momentu granate pale.

Chapter 7

PRVA ZNAČAJNIJA AKCIJA NA ELIMINISANJU KARADŽIĆEVIH SNAJPERISTA

Na samom platou Koševskog Brda nalazila se manja kancelarija jednog od bivših javnih preduzeća. U njoj se uz rat zatekao njihov čuvar, Albanac Aziz, koji odatle nije imao kuda. Zvali su ga dedo Aziz, a njegova kancelarija je služila za razne sastanke mještana, kao i mjesto gdje je lokalni TO organizirao noćne straže. Nikada se nije znalo ko će, s koje strane i s kolikim snagama djelovati po naselju. U blizini su bili pripremljeni i Molotovljevi kokteli, improvizirano oružje, vrsta ručne zapaljive diverzantske bombe kućne izrade, za slučaj napada na naselje tenkovima i oklopnim transporterima.

Bilo je ljeto 1992. godine i tu večer Esad je odlučio da preuzme stražu. Povremeno je ulazio kod dede Aziza u kancelariju i s njim ćaskao o svemu i svačemu. Dedo Aziz je bio pun savjeta i ratnih i poratnih, i onih iz prošlosti i onih iz historije, i Albanaca i Balkana.

–"Dedo, Boga ti, znaš li kako smo mi Bošnjaci dobili ime naroda?", pitao je Esad, iako je znao odgovor. Htio je da vidi dokle Aziz može dobaciti kada je historija u pitanju. Uostalom, moralo se nakako "ubiti" vrijeme. Možda je i albanska verzija toga interesantna.

Dedo ga pogleda kroz zamagljene naočare.

–"Kako, znaš kako, sad ću ti ja ispričati."
–"Hajde", reče Esad znatiželjno.

Dedo se nagnu, kao da priča priču svom unuku.

–"Znaš, bilo je to u vrijeme kada su Turci osvojili Bosnu."
–"Da, i?"
–"I turski sultan je okupio viđenije, elitu, aristokrate u Bošnjaka i počeo besjedu o islamu kao pravednoj vjeri koja će osvojiti svijet i o zlim ćafirima, koji stalno atakuju na njih sa svojim krstaškim ratovima. Znaš, prava namjera sultana je bila da ih nagovori da se i oni Bošnjaci konvertiraju na islam. Pa je tu bilo obećanja da neće plaćati porez u punoj mjeri, da će moći napredovati u carskoj vojsci, da će po šerijatu moći imati po četiri žene, mašallah, a da će ih, kada presele na ahiret, tamo čekati dženetske hurije, da će dobiti svašta nešto, i ovo i ono... Elhamdulillah, Ja Rabbi šućur, inšallah!"

–"I šta su rekli Bošnjaci na to?", zapita Esad.

–"Šta su rekli?", poče Aziz. "Rekli su: 'Presvijetli sultane, Vaša svetosti, sve je to uredu, sviđa nam se, ali ima jedan mali problem.'

–'Koji?', zapita sultan.

–'Pa, znate, presvijetli sultane, mi volimo popit!', rekoše Bošnjaci.

–'Boš!' – izdera se sultan sav bijesan, skoči sa divana i otjera ih iz carske palate. A to "boš" na turskom znači daska u glavi", pojasni Aziz.

—"I tako ste vi dobili ime Boš-njaci."

—"Ma, hajde", reče Esad, "dedo, nemoj me zajebavati, Bošnjaci se spominju u pismu Kulina bana koji je vladao Bosnom još prije Turaka. Tamo se fino u tom pismu spominju 'dobri Bošnjani', a to smo mi."

—"E, ne znam", reče dedo Aziz, "nama su o vama na sijelima tako pričali."

—"Nije bitno", reče Esad uz osmijeh, "neka si ti nama živ i zdrav."

Bilo je vrijeme da se obiđe stražarsko mjesto. Esad je zapalio cigaretu i stao uz jedan ćošak obližnjeg prolaza. Bilo je nekoliko prijava da četnički snajper djeluje sa obližnje zgrade. Istu informaciju je potvrdila i Arijana Saračević, novinar Televizije Sarajevo, koja je povremeno obilazila grad s TV-kamerom i snimala ljude i događaje. Ništa se ne smije prepustiti slučaju, jer ignoriranje tih prijava bi moglo koštati nekoga života.

Naslonio se na zid prolaza i provirio prema krovu obližnje zgrade u podnožju prolaza. Začuo se jak pucanj, a svjetleći metak je prošao tik pored glave Esada. Brzo se povukao u zaklon i posmatrao. Pištolj koji je imao nije mogao dobaciti do vrha obližnje zgrade odakle je snajper pucao. Bila je to poduža zgrada u Ulici Ise Jovanovića, s nekoliko zasebnih ulaza. Bilo je kasno oko 11 sati navečer. Trebalo je djelovati brzo, što je prije moguće. U toj zgradi stanuje bar jedan Karadžićev terorista, a ko zna koliko ih ima u okolini. "Ako ih pohvatam, bar poneki život će biti spašen", pomisli Esad.

Odmah je okupio oko desetak pripadnika svog voda koji su imali kakvo-takvo oružje. "Nije dovoljno", pomislio je, "zgrada

je duga i ima više ulaza, mogu pobjeći." Posjetio je i lokalnu
policijsku stanicu na Koševskom Brdu. Dogovor je bio da rano
ujutro opkole tu zgradu i izvrše pretres svih stanova. Pored
lokalne policije, na Koševskom Brdu u podnožju Ciglana posto-
jala je još jedan policijska stanica.

U njoj su bili policajci, uglavnom Srbi koji su ostali lojalni
državi u kojoj žive i legalnoj vladi Republike BiH. Vladi je tada
odgovarao multietnički sastav odbrambenih snaga. Uostalom,
Bosna je bila vijekovima multietnička, takva bi trebalo ostati i
poslije rata. Jasminkin brat Jasmin je među njima imao neko-
liko poznanika. Dogovoreno je da ih on pokuša angažirati da se
pridruže akciji rano ujutro. Pristali su.

U ranu zoru svi ulazi zgrade sa koje je djelovao snajper bili su
blokirani od strane Esadovog voda TO RBiH. Čekao se dolazak
policije, i jedne i druge, koja je imala zadatak da izvrši pretrese
stanova. Nekako je bilo više prihvatljivo da to policija uradi
nego pripadnici TO RBIH.

Niko nije mogao niti izaći niti ući u zgradu. Na prvom ulazu
stajao je Esad kome se pridružio i penzionisani načelnik starog
predratnog štaba TO RBiH, generalpotpukovnik Fikret Jahić.
General je htio da da moralnu podršku Esadu i, iako nije bio
naoružan i nije učestvovao u akciji, njegovo prisustvo je puno
značilo svima. Dok su čekali policiju, razmijenili su nekoliko
rečenica.

–"Kako stoje stvari?", pitao je general Jahić.

-"Sve po planu", odgovori Esad vidno ohrabren generalovom
podrškom.

–"Imam jedno pitanje od Alije Izetbegovića za sve vas u TO",
reče general misleći na sve one koji su stali u odbranu RBiH.
"Njega zanima šta mislite o ideji da podijelimo Republiku BiH
sa Srbima i Hrvatima", reče general, mada je iza tog pitanja

stajala ideja rušenja Republike Bosne i Hercegovine i stvaranje velike Srbije i velike Hrvatske.

–"Generale, poručite vi Aliji da svaki ovaj koji gine na ovim linijama gine za jedinstvenu, cjelovitu Bosnu od Une do Drine", reče Esad.

U tom momentu Esad nije shvatio da će ga taj i takav odgovor koštati karijere u TO RBiH. Čak njegovo ime nikada nije ni zavedeno u registar branilaca grada, iako je imao urednu vojnu knjižicu TO RBiH još od maja 1992. Naime, kasnije, tokom održavanja Bošnjačkog kongresa 1993, predsjednik Alija Izetbegović je izašao s prijedlogom da se RBiH podijeli na tri dijela i jedan dio preda Srbiji, a drugi dio Hrvatskoj nakon par godina. Taj plan je bio u opticaju od početka agresije, bar što se tiče predsjednika Izetbegovića. Srećom, intelektualci koji su se našli na tom kongresu uspjeli su spriječiti da takva izdajnička ideja dobije zeleno svjetlo, bar u tom momentu.

Uskoro je stigla i policija sa Ciglana, koja je imala zadatak da uđe u zgradu s prednje strane, dok je policija Koševskog Brda zajedno s Esadovim vodom bila zadužena da uđe u zgradu sa zadnje strane, koja je bila na nešto višem nivou, direktno naslonjena na uzvisinu koja se protezala do platoa Koševskog Brda.

Komandir policije se interesirao za motiv i uzroke akcije koju je inicirao i provodio TO RBiH, nakon čega je počeo dijeliti pismene naloge za pretres objekta svim pripadnicima policije i Esadovog voda TO RBiH. "Bolje tako", pomisli Esad, "neka sve bude po zakonu i dokumentirano". General Jahić je pitao Esada da li mu još treba njegova pomoć i nakon odričnog odgovora se udaljio.

Bez mnogo pompe i buke, policija i pripadnici TO su pretresli sve stanove i podrume i ništa nisu našli osim nekih vojnih mapa i trofejnih pištolja. Za trofejne pištolje, uglavnom beskorisne za upotrebu, zahtijevali su od vlasnika da ih prijave u lokalnom štabu TO. Vojne mape su bile oduzete. Karadžičevi spavači, snajperisti, izbacili su svo oružje na krov zgrade u vremenu dok je TO čekao policiju. Nije isključeno da im je neko dojavio šta se sprema. Svo oružje, na desetine pušaka i pištolja, završilo je u komandi. Niko od pripadnika TO iz Esadovog voda, koji su učestvovali u akciji, nije mogao dobiti nijednu cijev. Sve zaplijenjeno oružje je zadržano, što od komande TO na Koševskom Brdu, što od policije. Nijedna osoba nije bila uhapšena, jer je nedostajalo direktnih dokaza koji bi upućivali na određenu osobu. Strogo se poštivao pravosudni kod da se ne hapse ljudi bez dokaza. Ali, od tog dana, nijedan snajper se nije oglasio sa te zgrade sve do kraja rata.

Vijest o toj akciji se brzo pročula u okolini. Ubrzo su svi ostali komandiri TO zajedno s lokalnom policijom pretresli skoro sve zgrade na Ciglanama i imali sličan scenario i rezultat. Od tada do kraja rata nijedan snajperista nije djelovao sa Ciglana. To je bio najveći uspjeh cijele akcije. Ubrzo je neko iz vlasti zabranio daljnje pretrese. Žalbe Karadžića Aliji su očigleno bile uslišane. U ostatku grada snajperi su i dalje sijali smrt, ali, bar što se tiče Koševskog Brda, snajperista sa brojnih zgrada naselja Ciglane više nije bilo. Morali su voditi računa jedino o granatama i protivavionskim topovima koji su djelovali sa okolnih brda.

Tih dana jedina sigurna mjesta za građane Sarajeva su bila atomska skloništa, koje je bivša vlast Jugoslavije gradila širom zemlje u svim većim gradovima. Skoro svaku noć jedan broj ljudi je dolazio tu i noćio. Nisu vjerovali da će preživjeti kod svojih kuća i stanova. Kako nije bilo ni struje ni svjetla, ljudi su pravili improvizirane svijeće s fildžanima u koje su stavljali malo vode, pa na vrh malo ulja i fitilj.

Takva lampa bi mogla svijetliti satima dok se ulje ne potroši.

Esad nije išao u sklonište, jer je uvijek ili bio na straži ili raspoređivao stražu ili bio na front- liniji u jednom restoranu nasuprot Poljina, koju su pretvorili u bazu TO RBiH. Jednom se ipak zatekao u takvom skloništu nakon što mu je med-icinska sestra Fatima previla ranu od opekotine. Njen muž Šaćir je bio jako interesantna osoba, koja je često zabavljala ljude u skloništu raznim pričama, što stvarnim što izmišljenim. Početkom opsade Sarajeva Karadžićev snajperista ga je pogodio u stomak i nakon operacije jedva je preživio. Morali su mu izva-diti pola crijeva. Ali ipak, nije se dao duhom, ljudi su ga voljeli. Okupili bi se oko njega u skloništu i razmjenjivali razne priče.

U skloništu su se sklanjali civili, žene, djeca i ranjeni tokom noći i tokom intenzivnog granatiranja Karadžićevih terorista sa okolnih brda. S obzirom na to da nije bilo struje jer je grad bio odsječen od svih dalekovoda, ljudi su se snalazili s improviziranim svijećama. Bio je polumrak, ali su se ipak svi vidjeli toliko da se ne sudaraju. Međutim, duh im niko nije mogao ubiti. Da ostanu pri pameti pričali su se razni događaji i vicevi. Šaćir je tu prednjačio.

−"Da vam ispričam jedan novi vic", poče Šaćir s dopola uzdignutom rukom, kao da ih poziva da mu priđu. Prisutni se okrenuše prema njemu.

−"Hajde, kreni, Šaćire", rekoše s blagim i znatiželjnim osmi-jehom na licu.

−"Krenuo Haso kroz šumu po mraku", poče Šaćir kao da je na daskama pozorišta.

−"E, taj ne znamo, hajde nastavi", rekoše mu ostali oko njega.

–"I vidi on kroz drveće da mu prilazi grupa ljudi", nastavi Šaćir. „E, sad, on ne zna jesu li to ustaše ili četnici, konta Haso u sebi.

'Jeste li spremni', povika Haso derući se jako da ga čuju."

–'Nismo!' čulo se iz grupe ljudi, 'a ko pita?'

–'Sprem'te se, sprem'te, četniciii!', zapjeva Haso."

–"Ha, ha, ha, taj ti je dobar", reče mladić do njega.

–"Šaćire, haj ti nama ispričaj ono što ti je onaj ginekolog ispričao", poče isti mladić do njega, s osmijehom na licu. Znao je tu priču, ali drugi prisutni nisu.

–"A tooo!", reče Šaćir i namjesti se kao neki profesor koji će da objasni teoriju relativiteta.

–"Ovako, ja jednom u kafani sreo onog poznatog ginekologa s Koševa, a on mortus pijan, pojma nema šta bulazni", reče Šaćir.

–"I?"

–"I on ti meni fino ispriča kakva je 'koka' u Gertrude Munitić."

–"Ha, ha, ha! I, kakva, kakva?", nagnuše se okupljeni oko Šaćira.

–"Joooj, ja vam to ne mogu opisati, pa ona roza dlačica s lijeve strane, pa ona žuta s desne, a u sredini..."

U tom trenu tresnu jedan granata u blizini i jak zvuk dopre do ljudi.

–"Jebo vas otac četnički, eh Tito dragi!", uzdahnu Šaćir. „Gdje sam ono stao?"

–"Kod koke", ubaci se jedan momak smijući se.

Inače, Gertruda Munitić je bila poznata operska pjevačica u Sarajevu. Otac joj je zbog politike i velikohrvatske ideologije bio osuđen na smrt strijeljanjem. Ali, Tito ga je pomilovao pa mu je zbog toga Gertruda pjevala na uho mnogo puta. A neki kažu da je bilo obratno, da mu je pjevala na uho pa ga je onda drug Tito pomilovao. Čaršija je to odmah prevela na način da mu je ljubavnica, što je ona uvijek demantirala.

–"Šaćire, ti nam stvarno skrati vrijeme u ovom podrumu, imaš li još nešto?", upita jedan čovjek iz gomile.

–"Imam. Znate li ko su bili Jedžudž i Medžudž?", upita Šaćir podižući obrvu, sada kao da je veliki imam.

–"Čuli smo za njih, de reci nam ti", čuo se žamor okolo.

–"E, ovako, to su vam bili mitski narodi koji su činili nered na zemlji, pa ih je dragi Allah, džellešanuhu, odvojio od ljudi zidom od gvožđa. I dvojica od njih su našli Muju u džungli gdje je nesretnik zalutao."

–"A kako su prošli zid?", upita neko iz gomile.

–"Ja hajvana", reče Šaćir, "pa preskočili."

–"Ha, ha, ha", čuo se smijeh okolo, a Šaćir nastavi sa svojom pričom.

–"I tako ide, ide Mujo džunglom i sretne grupu urođenika, kanibala. Kanibali se okupiše oko njega i počnu urlikati s uperenim kopljima i strelama.

–'Uh, sad sam najebo', reče Mujo sav isprepadan.

U to se pojave Jedžudž i Medžudž iza leđa Muji i šapnuše mu na uho: 'Jok, ma nisi, Mujo bolan, samo im pokaži srednji prst.'

–'Stvarno?', zapita Mujo.

–'Ma stvarno kad ti kažemo, Tite mi!' rekoše Jedžudž i Medžudž.

I Mujo im pokaže srednji prst na šta kanibali još više počnu urlati s uperenim kopljima ka Muji.

–'Uh, sad sam stvarno najebo', reče Mujo.

–'Ma jok, nisi', rekoše Jedžudž i Medžudž, 'samo se drekni na njih i uzvikni jako: 'Marš u pičku materinu!'

–'Stvarno?', zapita Mujo.

–'Ma stvarno kad ti kažemo, ma Tite mi ba, Tite mi!', rekoše Jedžudž i Medžudž.

I Mujo podiže prst prema njima i dreknu se: 'Maaaršš u pičkuuuu materinuuuuu!'

Na to kanibali još više pobjesniše i krenuše prema Muji.

–'Uh, e sad sam stvarno, zaprave najebo', reče Mujo.

–'Jok, ma nisi, ništa ne brini', rekoše Jedžudž i Medžudž. 'Vidiš li onog krupnog kanibala s perjem na glavi i halkom u nosu?'

–'Vidim', reče Mujo.

–'Eh to im je poglavica, on je glavni, otiđi tamo i pljuni ga.'

–'Stvarno?', zapita Mujo.

–'Ma stvarno kad ti kažemo', rekoše Jedžudž i Medžudž .

I Mujo se fino isprsi, uzme fino zrak, hrakne iz dna grla i pljune poglavicu.

U to će Jedžudž i Medžudž: 'Dragi Mujo, e tek sad si najebo!'"

–"Ha, ha, ha", čulo se iz okupljene publike podrumskog pozorišta.

Šaćirova predstava je trajala do dugo u noć. Bio je glavni lik dok je trajala svijeća, a onda su svi polako smjestili da prespavaju noć. Bila je velika vjerovatnoća da neko od prisutnih neće biti s njima sljedeći dan, jer je na Sarajevo padalo u prosjeku oko 300 granata na dan.

Stanovnici grada su svaki dan prolazili kroz neku vrstu „ruskog ruleta". Morali su izlaziti vani da nađu neko drvo za ogrjev, da donesu kanister vode sa rijetkih prigradskih česmi koje su još uvijek imale vodu ili da kupe komad hrane po basnoslovnim cijenama. Opsada grada je trajala 44 mjeseca, najduže u historiji svijeta i ubijeno je 11.500 osoba, od čega 1601 dijete. Tih dana Sarajevo je branilo slobodu i svoj multietnički karakter, na čemu je trebalo da se zasniva Evropa, mada se činilo da baš Evropu ta borba uopće nije zanimala. Gledala je „reality show" masakra ljudi preko svojih TV-ekrana, kao da gleda neki horor film uživo. „Bog sve vidi", mislio je u sebi Esad, „ako ne zaustavite ovaj pakao, i vama bi mogla zaigrati mečka pred vratima."

Chapter 8

NOVA ADRESA

Otkako je privremeno napustio svoj stan na Dobrinji, Esad se s porodicom smjestio u jedan manji stan na Koševskom Brdu, koji je bio u vlasništvu Jasminkine rodice iz Švedske. Tu se također preselila i Jasminkina sestra Nermina s djecom, nakon što je izbjegla iz Mostara. Ubrzo tu su prešli i Jasminkini roditelji, koji su napustili svoj stan na Grbavici, gdje je vladao teror Karadžićevih četnika. Dolazile su priče o masovnom odvođenju i ubijanju Bošnjaka i Hrvata i silovanju žena.

Naročito su bile stravične priče o "monstrumu sa Grbavice", Veselinu Vlahoviću Batku. Izbjeglice sa Grbavice su pričale da je monstrum Batko znao staviti u red nekoliko ljudi i onda ih ubiti jednim metkom. Toliko je bio zaslijepljen nacizmom da je ubijao i Srbe koji su pokušavali pomoći svojim komšijama Bošnjacima. Tako je zvjerski ubio Gorana, sina Nataše Čengić, inače unuke nekadašnjeg mitropolita dabrobosanskog Petra Zimonjića. Goran je bio čuveni sarajevski rukometaš, momak s dignitetom sportiste, koji je pokušao zaštititi svog komšiju Bošnjaka.

Jedna od žrtava je poslije rata dala izjavu od koje se ledi krv u žilama: „Sjedila sam šćućurena na svome balkonu kada su ubili sina moje komšinice, kada je ona molila da ga puste. Čula je kada su Batkovi četnici vrištali pijani i poslije kada su otišli sam saznala da su i moju komšinicu od preko 80 godina silovali."

Batko je bio instrument u rukama beogradskog režima, koji je putem pobunjenika Radovana Karadžića imao za cilj da istrijebi jedan narod u Bosni i Hercegovini. To im je skoro i uspjelo na pola države Bosne i Hercegovine, gdje im je internacionalna zajednica kao nagradu dala autonomiju s visokom stepenom vlasti, pod imenom Republika srpska.

Nakon što su Jasminka i Nermina s djecom izbjegle u Split, njihova majka Hanifa je često plakala, što Esad nije mogao psihički podnijeti. Većinu vremena je provodio na liniji s ostalim članovima TO RBiH, a, kada bi se vratio, zaticao bi deprimirajući prizor. Odlučio je da nađe sebi mjesto gdje će na miru moći bar prespavati.

Tokom prethodne akcije na čišćenju snajpera, vidio je da u istoj zgradi postoji jedan prazan stan, ali nije htio u njega provaliti na silu. Potražio je upravnika zgrade Nikolu, koga je od ranije poznavao, jer su skupa radili u „FAMOS"-u i dogovorio se s njim da mu ustupi stan dok traje rat. Sklopili su ugovor gdje se Esad obavezao da će napustiti stan po završetku rata, ako se ikada završi. Konačno je mogao imati koliki-toliki mir po povratku sa linije.

Stanari zgrade su ga posmatrali dvojako, neki s olakšanjem, jer je konačno neko naoružan tu da ih zaštiti, a neki s podozrenjem, jer je rat trajao, a mnogi od njih su bili etnički Srbi. Kako je naselje Ciglane bilo prije rata elitno naselje, vlasti u Sarajevu se nisu baš ni trudili da im podjele humanitarnu pomoć koja je stizala jednom mjesečno u mizernim količinama. Ipak, odsječeni od svijeta, ni oni nisu imali nikakvu hranu kod sebe i počeli su gladovati i žaliti se. Kome? Esadu, naravno, jer je on bio jedini kako-tako povezan s vlastima. Jedan dan upravnik zgrade Nikola je sazvao savjet stanara da vide šta da rade. Bio je pozvan i Esad. Esad je iskoristio tu priliku da prisutnim Srbima razbije strah od TO RBiH, objašnjavajući da je TO regularna vojska Republike BiH i da je ona po sastavu multietnička, da ima u svom rukovodstva i generala iz srpskog naroda, poput Jovana Divjaka i da nemaju potrebu da se boje. Svi su znali da glavna opasnost svima zapravo dolazi sa okolnih brda sa kojih su Karadžićevi teroristi sijali smrt među civilima ne znajući ko je od njih Bošnjak, Srbin ili Hrvat.

Postojale su i samozvane udruge kriminalaca poput poznatog kriminalca Juke, koje je regularna vlast pokušavala staviti pod kontrolu i koji baš nisu marili za moral, etiku ili odbranu grada. Njihov posao je bio da kradu sve što se ukrasti moglo, naročito automobile, a hodali su naoružani pretvarajući se da brane grad. Ujutro bi odlazili u „akciju" s praznim torbama, a vraćali se s punim. Njihove žrtve krađa su bili uglavnom građani Sarajeva, jer nije, bar tada, bilo poznato da su igdje učestvovali u bilo kakvim bitkama protiv četnika. Inače, prava odbrana grada se odvijala između regularnih jedinica TO RBiH i Karadžićevih terorista na strateški važnim kotama, kao što je bilo brdo Žuć, gdje su četnici pokušavali presjeći grad na dva dijela. Od tih kriminalaca svi su podjednako bili ugroženi, ne životno, već zbog gubitka imovine.

Odbrana i grada i države je bila višestruko sabotirana od strane Miloševićevih agenata KOS-a i UDBA-e infiltriranih u sam vrh vlasti Republike BiH, a time i Teritorijalne odbrane Republike BiH. Koji god bi se oficir istakao u odbrani, pokušavali su, a ponekad i uspijevali, da ga smijene ili ubiju. Za tu svrhu peta kolona u vlasti je i formirala specijalnu jedinicu „Ševe", koja je imala zadatak da ubija uspješne komandante TO RBiH. Sve značajnije akcije na odbrani grada bile su unaprijed dojavljivane Karadžićevim teroristima i tako osuјećivane. Ako bi

se i postigao neki vojni uspjeh, dolazila bi naredba da se je-
dinice TO RBiH povuku ili su im davane naredbe koje nisu
imale smisla i navodile na zamke četnika.

Ako bi prijatelji Bosne u UN-u isposlovali i neku rezoluciju
u korist RBiH, predsjednik države Alija Izetbegović bi odmah
ugovorio neki sastanak s generalštabom srbijanske JNA, gdje
bi time poništio ili umanjio značaj takve rezolucije.

Situacija nije bila dobra, a stanovništvo se borilo nadljud-
skim snagama da preživi u državi koju su napali dva agresora,
sa istoka i zapada i peta kolona iznutra.

Alija Izetbegović je pristao da pregovara s pobunjenikom
Karadžićem već na samom početku agresije, čime je omogućio
Miloševiću da tvrdi da se ne radi o spoljnjoj agresiji nego o
građanskom ratu. Nakon priznanja Bosne i Hercegovine od 7.
aprila 1992. kao članice UN-a, predsjednik SAD-a George Bush
je dao ultimatum srbijanskoj JNA da se do 15. maja 1992.
povuče iz BiH. Međutim, Alija spašava Miloševića na način
da je hitno ugovorio sastanak s Blagojem Adžićem, generalom
JNA u Skoplju. On je tada postigao neki „sporazum" s general-
ima JNA, čiji je jedini rezultat bio da je vezao ruke Americi da
nešto vojno učini za Bosnu i Hercegovinu, jer, ako su se „dvije
strane" dogovorile da resursi i naoružanje JNA zatečeno u BiH
budu predati Karadžićevim pobunjenicima, onda više ultima-
tum nema smisla.

Na sastanku je dogovoreno da upravnik zgrade Nikola, Esad,
Fatima i par stanara odu sutra u prostorije općine i zatraže da
se i njima počne dodjeljivati humanitarna pomoć. U općini su
ih primili osobe nadležne za organizaciju humanitarne pomoći.
Nakon iznošenja zahtjeva stanara zgrade, dobili su odgovor da
postoje prioriteti, da će uzeti njihov zahtjev u razmatranje itd.

Onda im je Esad objasnio da su u opkoljenom gradu svi
građani istog prioriteta i da svima treba pomoć, ma koliko mala

bila. Pomoć je stvarno bila mizerna i hrana nije mogla trajati više od par dana. Radilo se o paketiću riže, jednom kilogramu brašna i nekoliko konzervi mjesečno. U Sarajevu je bila izreka prokletstva koja je glasila: „Dao Bog da te UN brani i UNPRO-FOR hrani." U toj izreci je bila sadržana i sva kritika vlastima Republike BiH, jer nisu organizirali odbranu države na vrijeme dok je rat u Hrvatskoj trajao i kada se sa sigurnošću znalo da će se prenijeti i na BiH. Kada je sve ličilo na neuspjeh, Esad je ustao i onako obučen u vojnu uniformu zaprijetio: „Ili ćete is-poštovati naš zahtjev ili ćemo biti primorani da vas smijenimo." Zapravo, Esad nije imao nikakve mogućnosti da ih smijeni, ali je blef upalio, jer oni nisu znali dokle doseže Esadov autoritet i utjecaj u gradskim civilinim vlastima. I zaista, kod prve naredne raspodjele humanitarne pomoći i stanari dotične zgrade na Ciglanama su bili uključeni.

Zgrada u koju se Esad uselio je bila blizu raskrsnice, u Ulici Đure Đakovića, kojom su često prolazili kamioni koji su prenosili robu za gradsko skladište u Zetri. Četnici su to znali i često gađali baš tu raskrsnicu, a ubitačni geleri su stizali i do okolnih zgrada. Zahvaljujući djelovanju TO RBiH, jedina opas-nost za građane tog područja su bile granate i protuavionski mitraljezi koji su mogli dobaciti do njih, jer je bar taj dio grada bio očišćen od Karadžićevih snajpera.

Bio je lijep sunčan dan, a Esad je imao slobodan dan pa je odlučio da malo ljenškari na balkonu stana, koji je baš bio okrenut prema spomenutoj raskrsnici. Stavio je sunčane naočale, skinuo se do pojasa i sjeo na stolicu okrenut suncu. Malo sunčanja u te strašne dane nije bilo na odmet. Noć prije toga sanjao je oca koji je preselio još prije rata.

Sanjao ga je da se pridiže iz mezara i pokušava nešto da mu kaže. Nije bio sujevjeran, ali često se dešavalo da u snu ima neka stvarne predznake budućih događaja. „Pokušava da me upozori na opasnost", pomisli Esad, „ali, ako se šta sprema, to se vjerovatno neće desiti danas kada nije na liniji." Lagano je utonuo u dremanje udišući svježi ljetni zrak.

Najednom ga je trgnula snažna eksplozija granate i jauk žene blizu raskrsnice. Žena je ležala na zemlji i jaukala. Esad je izletio iz zgrade s namjerom da joj pritekne u pomoć, ali se sjetio da obično za tridesetak sekundi dolazi druga granata. Pored ulaza zatekao je Nenada, također pripanika TO RBiH. Nenad ga pogleda i reče da imaju samo dvadesetak sekundi. Potrčali su zajedno i nesretnu ženu donijeli do ulaza zgrade i stavili je u zaklon u momentu kada je doletjela druga granata skoro na isto mjesto. Srećom, sve troje su u datom momentu već bili u zaklonu, jednom podzidu pored zgrade.

Desilo se da je to bila supruga jednog od stanara koji je izletio da vidi šta se s njom dešava. Prepoznao je njen glas dok je jaukala. Bila je pogođena u vrat i krvarila. Na prvi pogled izgledalo je da je rana duboka i da intervencija hirurga je neophodna. Esad je znao da u jedan od stanova često dolazi momak djevojke Voljenke, sa svojim Golfom. I, zaista, Golf je bio parkiran u blizini neoštećen. Otrčao je do Voljenke i zamolio njenog momka da prebaci ranjenu ženu u bolnicu Košovo što je on brzo, što je mogao brže i uradio. Njen muž je stajao u ulazu zgrade blijed, prestrašen, samo što se ne sruši od muke i straha. Esad je znao da Nikola ima negdje zašteljenu bocu šljivovice i dao znak Nikoli da mu donese jednu čašicu. Nesretni čovjek je popio rakiju u jednom trzaju i prodisao.

Srećom, ta žena je preživjela taj dan, ali nije poznato je li preživjela do kraja rata.

U tom momentu pojavio se Vlado, stanar prekoputa Esadovog stana. Pokazivao je Esadu geler zabijen na ulazna vrata Esadovog stana. Pripadao je granati koja je došla nakon prve. Geler je nekako našao put da uđe kroz ulaz zgrade, odbije se od bočni zid i završi baš na vratima Esadovog stana. Vlado, inače Srbin oženjen bošnjakinjom Fatimom, protumačio je to kao poruku njihovog sveca Svetog Save Srbima da se čuvaju TO RBiH, kome je Esad pripadao. Esad se samo nasmijao i ušao u stan i opet otišao do balkona. Tu je, tačno iznad stolice gdje je sjedio, u predjelu oko nekoliko centimetara iznad mjesta gdje je bila njegova glava, vidio novu svježu rupu od gelera. „Hvala, tata", pomislio je, „drugi put ću biti oprezniji."

Chapter 9

POGIBIJA ABDULAHA FETAHOVIĆA

Abdulah je bio jedan od dvojice desetara u Esadovom vodu. Nije bilo prilike za neko dokazivanje, jer nije posjedovao nikakvo oružje. Uredno je dolazio na sastanke ili voda ili u štab TO na poziv komande. Čekalo se da TO nabavi neko naoružanje, koje nikako da stigne. Čak naprotiv, tražilo se od njih da ustupe bilo koji kalašnjikov ako ga imaju, koji bi navodno trebao biti dat jedinicama koje jače negdje djeluju. Mnogi su sumnjali da se ustvari radi o preprodaji oružja.

U blizini zgrade gdje je stanovao Abdulah pala je jedna granata i pogodila mobilnu prikolicu – karavan, koji je bio parkiran u blizini. Vatra je zahvatila karavan, a vlasnica je zvala u pomoć za gašenje vatre. Abdulah je prvi istrčao da pomogne, zanemarujući poznatu praksu da poslije prve granate dolazi druga. Druga granata ga je pogodila i usmrtila na licu mjesta. Desilo se da je njegov otac zapravo živio u inostranstvu sa cijelom familijom i da je pred penziju došao u Sarajevo da provede penzionerske dane u rodnom gradu. Na žalost porodici u stan su došli svi iz više komande TO Koševskog Brda, izrazili saučešće i obećali da će se oni pobrinuti za sahranu. Nije to bila neka utjeha za Abdulahove roditelje, ali bar će imati pomoć kod dženaze. Abdulahov otac je drhtavim glasom ponavljao: "Kud se vratih, da mi je pasoš pa da odem na kraj svijeta i više se nikada ne vratim." A majka je sjedila šćućurena na kraju sofe, šutila i tiho plakala. Suze nisu prestajale da teku.

Dženaza se baš nije ni mogla obaviti kako treba. Karadžićevi teroristi su znali u koliko sati je obično dženaza i djelovali su granatama po groblju baš u to vrijeme.

Mnogi su bili ubijani i ranjavani baš tokom dženaze svojim najmilijim. Nekoliko pokušaja sahrane Abdulaha je propalo i tijelo se već bilo počelo raspadati. Na kraju je sam otac u očaju uspio nabrzinu spustiti Abdulaha u mezar i nabacati nešto zemlje.

Esad je napisao izvještaj komandi o tom događaju i na kraju predložio da se ime ulice u kojoj je Abdulah poginuo preimenuje u njegovo ime. Prijedlog je odbijen, a sjećanje na tog hrabrog momka ostalo je samo njegovim roditeljima i saboracima.

Chapter 10

PRVI POKUŠAJ DEBLOKADE SARAJEVA

Bio je početak augusta 1992. godine i branioci Sarajeva su pokušavali da izvrše okrupnjavanje i sistematizaciju svih odbrambenih snaga, uključujući i teritorijalnu odbranu. Viši oficiri su obilazali jedinice, utvrđivali stanje i izviđali rubna područja grada. Ratnu jedinicu štaba TO Koševskog Brda posjetila je legenda odbrane grada general Jovan Divjak. General Divjak se školovao u Beogradu i Francuskoj. Početkom agresije na BiH postao je zamjenik komandanta Teritorijalne odbrane Bosne i Hercegovine, a nakon godinu dana mu je dodijeljen čin brigadnog generala. Bio je jedan od onih srpskih oficira koji je volio Jugoslaviju i bio politički protivnik Miloševićevom režimu, koji je sistematski rušio zajedničku državu. Na kraju svoje dileme izabrao je čojstvo ispred velikosrpstva i odlučio da svoje znanje stavi u odbrani žrtava Miloševićeve agresije. Nije bio jedini, bilo je mnogo takvih oficira iz reda svih etničkih zajednica koji su napustili JNA i pridružili se TO RBiH. Rukovao se sa svim pripadnicima TO na Koševskom Brdu. Esada je pitao je li mu u rodu Jasmin Jaganjac, isto tako general HVO-a, koji je s jedinicama HVO-a oslobodio Mostar od četnika, a potom se, pošto ga nisu primili u TO RBiH, povukao iz HVO-a.

-"Možda jesmo, ali to je neko daljnje koljeno, ja ga lično ne poznajem", odgovorio je Esad.

General se raspitivao o snazi jedinica na Koševskom Brdu i položajima Karadžićevih pobunjenika. Uglavnom, malo je informacija dobio, jer su između brda na Poljinama i samog ruba grada bile postavljene mine i svaki pokušaj TO RBiH da priđe fizički neprijatelju time je bio onemogućen, a skoro nikakvu artiljeriju nisu imali.

Bilo je nekoliko pokušaja i završavalo se tako da su spašavani vojnici koji su se zaglavili u minskom polju.

Esad je shvatio da se nešto sprema. Tokom juna ostvareni su neki uspjesi u borbama za Pofaliće i Mojmilo Brdo i Regionalni štab TO je planirao nešto krupniju akciju. Radilo se o prvom pokušaju deblokade Sarajeva. Koliko je Esad uspio razumjeti dio akcije u rejonu Poljina, gdje su bile stacionirane između ostalih i ratne jedinice štaba TO Koševskog Brda, plan je bio spriječiti pokret neprijatelja iz Mrkovića prema Poljinama i djelovati u pozadini na poljinskom visu. Imali su obećanje glavnog štaba da će za tu akciju imati i artiljerijsku podršku sa Igmana i Visokog.

Karadžićevi pobunjenici su izgleda imali plan te akcije unaprijed, jer su u noći uoči napada otvorili snažnu artiljerijsku vatru po svim položajima gdje su po planu trebale biti jedinice TO RBiH. U dato vrijeme Esad je krenuo ka mjestu okupljanja, koje je bilo u jednom predratnom restoranu u podnožju kuće i imanja Seje Alića. Sa tog brda su i inače bile organizirane danonoćne straže i prije ove akcije.

Ta strateška kota je bila predmet stalnog osmatranja, kako Karadžićevih pobunjenika sa Poljina, tako i njihovih "spavača-dojavljivača" iz obližnjih naselja. Esad, iako je bio vodnik, često je mijenjao obične vojnike na straži. Na neki način svi su bili dobrovoljci. Vrh te kote se poklapao s granicom imanja, tako da je bilo dovoljno ležati iza samog vrha i posmatrati dolinu koja je razdvajala grad od brda Poljine. Problem je bio što se ta kota vidjela i sa strane grada, tako da su dojavljivači ogledalima signalizirali pobunjenicima svako značajnije okupljanje TO RBiH na toj koti. Tokom granatiranja tog djela grada, sa te kote su se vidjele kućice u podnožju na koje su padale granate. Izgledale su kao bespomoćne ovce na koje padaju granate, a pomoći niotkuda. Jednom tokom straže Esad je primijetio da jedan od infiltriranih četnika iz podnožja kote otvara vatru iz kalašnjikova na njih. Odmah je obavijestio ostale o tome i dogovoreno je da se pokuša locirati kuća iz koje je pucano. Esad se ponovo vratio na mjesto osmatranja s nekoliko pripadnika iz njegovog voda, sa ciljem da svi skupa pokušaju osmatrati slijedeći napad. U tom momentu taj četnik nije izašao s kalašnjikovom, nego s ogledalom signalizirajući Karadžićevim pobunjenicima da je grupa vojnika na koti. Odmah poslije toga uslijedila je vatra iz minobacača koji su pogađali i samu kotu i okolinu. Esad se odmah povukao sa kote sa svojim vojnicima, uglavnom nenaoružanim mladićima. Srećom, povlačenje je bilo brzo pa niko nije bio povrijeđen. Nakon prestanka vatre stigao je vlasnik tog imanja, Sejo Alić, bučno protestvujući. Mogla mu je stradati porodica, kuća i jedina krava koju je imao.

Te noći, kada je planirana akcija proboja obruča, Esad se ubrzano kretao ka dogovorenom mjestu okupljanja. Na putu je morao nekoliko puta skakati u zaklon čim bi čuo fijuk granate. Od momenta kada se čuje fijuk granata do njene eksplozije je otprilike jedna sekunda i to je bilo vrijeme na raspolaganju da se baci u zaklon. Jedva je stigao do kuće porodice Tafro, gdje su živjela Tafro i njegov zet, također pripadnici TO Koševskog Brda. Zatekao ih je u podrumu kuće sa suprugama gdje su čekali da artiljerijska vatra prestane. I sam Esad se tu sklonio privremeno, nije htio da dalje riskira život. Kada je granatiranje prestalo, sve troje su krenuli ka mjestu okupljanja. Tamo su zatekli brojne jedinice Teritorijalne odbrane i Koševskog Brda i okolnih mjesta. Čekala se podrška artiljerije od strane branilaca grada, koja nikada nije stigla. Ispostavilo se da jedinica namijenjena za ubacivanje i presijecanje komunikacije Mrkovići-Poljine nije izvršila zadatak i da top kalibra 130 mm, predviđen kao glavna artiljerijska podrška, nikada nije stigao na planinu Igman, jer posadu i sam top su zadržali HVO-ovi bojovnici u Konjicu. Samim tim su i jedinice TO u rejonu Poljina ostale prikovane na mjestu gdje su se našle. Akcija i proboj nisu uspjeli. Izgledalo je da nešto nije bilo ispravno u sistemu komandovanja, nije bilo jasno zašto artiljerijska podrška nije bila unaprijed obezbijeđena. Mnoge stvari su mirisale na to da su se u sistem komandovanja ubacili saboteri i da u državnom rukovodstvu nije bilo želje za izvršenje deblokade grada. Mnogi su krivili i komandu regionalnog štaba TO, koji su imali na raspolaganju samohodnu haubicu i nisu dozvolili njenu upotrebu tokom akcije. U akciji je poginulo 11 pripadnika i oko 60 ih je lakše ili teže ranjeno. Niko nikada nije odgovarao za propuste i sabotažu akcije.

Kada je konačno nakon silnih zvjerstava i genocida svijet shvatio da nije pravedno držati žrtvi embargo na oružje i kada je američki senat zajedno sa 100 članica UN-a bio spreman da ukine embargo na oružje, takvu priliku uništava predsjednik RBiH Alija Izetbegović. On nalazi načina da iz opkoljenog Sarajeva stigne na Skupštinu UN-a 27. septembra 1994, gdje traži da se ta odluka o skidanju embarga odloži za šest mjeseci. Izgovor za to mu je bio prijetnja UNPROFOR-a da će napustiti RBiH ako se skine embargo. Jedina misija UNPROFOR-a je bila dostava humanitarne pomoći u opkoljeno Sarajevo i nadgledanje ratnih operacija bez direktnog učešća u njima. Novi zahtjev da se skine embarago nikada nije više upućen u UN, a stravičan genocid u Srebrenici se desio skoro godinu dana kasnije, kada su Karadžićeve do zuba naoružane ubice počinile genocid nad gotovo golorukim braniocima Srebrenice. Zašto su bili goloruki, bez oružja? Prije masakra, Ujedinjene nacije proglasile su opkoljenu enklavu Srebrenica, u istočnoj Bosni, „sigurnom zonom" pod zaštitom UN-a, ali očito nikakva stvarna zaštita nije bila prisutna osim holandskog bataljona UN-a, koji nije pružio nikakav otpor.

Tih dana je u Sarajevu djelovala i 142. hrvatska brdska brigada Kralj Tvrtko u sastavu prvog korpusa Armije BiH. Bila je to multietnička brigada, jer su u njen sastav pristupili, pored Hrvata, i Srbi i Bošnjaci. Imala je oko 1600 vojnika. Odnosi s njima su bili više-manje korektni, nije bilo neprijateljstava osim pojedinačnih ispada marginalnog značaja. Tako je jednog dana primjećena jedna osoba obučena u crno odijelo, s kapom na kojoj je pisalo slovo „U", s njemačkim šmajserom iz Drugog svjetskog rata. Očito je momak imao mentalnih problema, paradirao je okolo, nikoga nije napadao, ali je bio rizik pošto je bio naoružan. Pripadnici TO RBiH bi ga često privodili, saslušavali, a onda slali u brigadu Kralj Tvrtko da se oni nose s njim. Nakon nekog vremena taj tip bi se opet pojavljivao s istim ustaškim folklorom, naoružan, na ulicama Sarajeva. Ljudi su shvatili da je bolestan i prestali su ga se plašiti, čak su ga zadirkivali. Jedan mu je čak dobacio: „Hej, ustaša, a vidi ovo!", pokazujući mu svoju naušnicu sa ljiljanima. Nakon par mjeseci jedna granata ga je ranila u glavu pa je smješten u bolnicu Koševo. To ranjavanje je preživio, ali nije poznato je li doživio kraj rata.

Chapter 11

TRANSAKCIJA

Bilo je to negdje krajem 1992. godine. Esad je dobio poziv da se javi u komandu štaba TO Koševsko Brdo. Za stolom je sjedio stariji čovjek po imenu Dževad Buljubašić, šezdesetih godina, sijed i namrgođen. Oko njega par drugih ljudi. Zamolili su ga da sjedne. Osjećao je da se ništa dobro ne sprema.

"Transakcija", reče Dževad, na šta ga je Esad zbunjeno pogledao. Onda je shvatio da on zapravo misli na prekomandu ili stručno rečeno "transfer".

-"Gdje i zašto?", upita Esad.

-"Ideš u državnu bezbjednost" reče Dževad. "Tamo će tvoje sposobnosti biti korisnije."

-"Hvala, Dževade, ali ja nikada nisam bio policajac niti to želim da budem", reče Esad, podignu se polako sa stolice, mahnu glavom ostalima za stolom i napusti sastanak.

Esad je po profesiji bio diplomirani mašinski inžinjer i nije mu padalo na kraj pameti da postane policajac pa makar i u ratu. Bio je to prelomni trenutak. Svi su do tada od njega očekivali pomoć, a od tada Esad je ostao bez kakve-takve hrane, bez kakvih-takvih bonova koji su zamjenjivali novac. Zavisio je od humanitarne pomoći UNPROFOR-a, koja je u mizernim količinama stizala jednom mjesečno i mogla trajati najviše 7 dana. U stan u kome je boravio uselila se i njegova sestra Emira sa sinom Samirom i tako su dijelili i dobro i zlo i mrvice humanitarne pomoći.

U istoj zgradi na četvrtom spratu stanovao je Dragan, bivši radnik tvornice „UNIS". Trenutno je bio zaposlen u jednoj maloj improviziranoj radionici na Koševu, koja se bavila opravkom oružja i vojnih materijalno-tehničkih sredstava. Esadova sestra Emira poznavala ga je od ranije, i njega i njegovu suprugu. Supruga i sin su napustili Sarajevo još dok se moglo napustiti, a on je ostao da čuva stan i imovinu. Kako je odbrana države bila u velikoj mjeri multietnička, a i vlast se tako deklarisala, Dragan se osjećao sigurno u gradu. Čak je i dužio pištolj koji mu je više služio da se odbrani od kriminalaca, nego od bilo kojih vojski ili paravojski. Esad je sada, bez angažmana u TO RBiH, razmišljao kako na drugi način može pomoći. Možda se njegovo iskustvo konstruktora koje je dobio dok je bio zaposlen u fabrici „FAMOS" može na neki način iskoristiti. Razgovarao je s Draganom o tome. Dogovorili su se da probaju napraviti ručni bacač, koji bi umjesto tenkovskih kumulativnih mina koristio jednostavne zapaljive mine ili mine s eksplozvom. Dragan je znao šta je potrebno za to i Esad se dao na posao.

Komšija sa prvog sprata, Vlado, imao je Kulmanov crtaći sto s linijarima i sa zadovoljstvom ga je posudio Esadu. Malopomalo, neophodni crteži su bili urađeni. Sada je trebalo dobiti dozvolu i pomoć da se ručni bacač napravi. Esad je stupio u kontakt s improviziranom radionicom koja se nalazila u Tehničkoj školi. Tamo su mu rekli da prvo vidi s Mustafom Hajlurahovićem Talijanom, koji je napustio JNA u činu kapetana i prešao u Armiju Republike Bosne i Hercegovine, gdje je imao odgovornost komandanta 1. korpusa u Sarajevu. Njegov štab je bio smješten u jednoj zgradi na Koševu blizu zgrade u kojoj je bio smješten i UNPROFOR. Vjerovatno se imalo u vidu da Karadžićevi četnici neće smjeti gađati ništa u blizini UNPROFOR-a. Iako je cijela zgrada bila obložena staklom i lagana meta, komandant Talijan se u njoj osjećao relativno sigurno.

Esad je pozvao i par ljudi iz privatne kompanije „Rekoning", čije osnivanje je pomogao prije samog izbijanja agresije. Esad je u prethodnih par godina prešao iz „FAMOS"-a u „Energoinvest Holding d.o.o.", gdje je radio na transformaciji postojeće organizacije „Energoinvesta" u modernu korporaciju po zapadnom modelu. Njegov prijedlog reorganizacije cijelog „Energoinvesta" je u konačnici bio i usvojen od strane Poslovodnog odbora, ali zbog početka agresije nikada nije do kraja bio implementiran. Sa svim tim iskustvom bio je pozvan od osnivačke grupe „Rekoning" da im napiše statut i pomogne u registraciji. Kompanija je bila inžinjerskog tipa i vrlo perspektivna, ali zbog početka rata nisu mogli poslovati, iako su već dobili nekoliko perspektivnih ugovora. Bili su to Mladen i Ivica. Slučajno su se sreli u gradu i jako sretni što su još živi i zdravi. Ovaj Esadov projekat je bila prilika i za kompaniju, ukoliko naiđu na zainteresiranost TO RBiH i obezbjede finansiranje.

Došao je dan sastanka s Talijanom u njegovom štabu. Morali su čekati na red, jer je bilo mnogo ljudi koji su nudili razne vrste usluga, od pravljenja zaštitnih prsluka do pancira i ostalih ratnih pomagala. Esadova grupa je započela razgovor s Talijanom i, kako je vrijeme odmicalo, bio je sve više i više zainteresiran. Ipak, rekao im je da prvo porazgovaraju s njegovim savjetnikom, koji je bio u istoj zgradi. Razišli su se s puno nade i entuzijazma. Njegov savjetnik je bio bivši inžinjer iz „UNIS"-a, mlad čovjek iz Sandžaka, vjerovatno bez puno radnog staža. Čim su počeli razgovarati, odmah se vidjelo da je njegova uloga sabotaža i špijunaža. Nije ih htio ni saslušati, već ih je odmah počeo vrijeđati po raznim osnovama.

„Srbijanska Kontraobavještajna služba (KOS) imala je svoje ljude svugdje", pomisli Esad. Na kraju im je kao savjetovao da počnu praviti tromblone za puške koji su se i inače proizvodili u improviziranim radionicama u Sarajevu. Esadu nije preostalo ništa drugo nego da preda sve crteže u Tehničku školu za slučaj da neko drugi tamo nađe načina da ih upotrijebi. Dao je ime projektu „Đilda", po aktuelnom pripadniku Zelenih beretki Dževadu Begiću Đildi, koji je uspješno branio grad od prvog dana agresije. Nažalost, Đilda je poginuo na raskrsnici u Pofalićima prilikom izvlačenja jedne ranjene sugrađanke. Esad se jednom susreo s njim na Koševskom Brdu. Esad je sjedio s prijateljima na stepenicama platoa ispred zgrada kada je on naišao s nekoliko boraca Patriotske lige. Imao je u ruci malokalibarku sa zakačenim durbinom. Đilda se za trenutak zaustavio, pogledao i Esada i pušku i upitao ga može li da pogleda.

-„Naravno", reče Esad pružajući mu pušku.

Đilda je uzeo pušku, ubacio metak i nanišanio prema jednom semaforu koševskog stadiona. Opalio je i čuo se jasan trzaj bez mnogo buke i očito metak nije dobacio ni desetinu razdaljine do semafora.

-„Ovo je ptičarka", reče Đilda vraćajući pušku Esadu.

Esad je to znao, ali se tješio da ima i pištolj Beretu 7.9 mm, koji je bio ubojit na kratkoj razdaljini. U to je naišao generalpotpukovnik Fikret Jahić s heklerom okačenim o ramenu. On je stanovao u obližnjoj zgradi i taj plato je bio glavno mjesto okupljanja svih stanara okolnih zgrada. Branioci grada su bili itekako podozrivi prema bivšim generalima JNA, nisu im vjerovali. Đilda i njegova grupa su gledali u generala sumnjičavo, počeli ga ispitivati, a zatim odveli sa sobom. Ispostavilo se da su ga kasnije pustili, ali su mu oduzeli hekler.

Bilo je stvarno zapanjujuće koliko su Miloševićeve špijunske službe bile upletene u sve institucije i vlasti i odbrane Republike BiH. Sticao se utisak da imaju svog čovjeka na apsolutno svakom mjestu odlučivanja, od predsjednika države do općine. Jedino šta nisu mogli kontrolirati u potpunosti su bile samorganizirane lokalne jedinice samoodbrane, od Teritorijalne odbrane do lokalnih policija, koje su na kraju jedine i sprečavale da se planirani genocid na terenu dovrši do kraja.

Esad se sa svojim poznanicima iz „Rekoning"-a i Draganom dao sada na pravljenje tromblona, koristeći mali broj mašina u Tehničkoj školi. Izašao je i prvi prototip napunjen magnezijumom i djelomično vještačkim đubrivom, koje je bilo bogato kisikom. Samo tijelo tromblona je bilo napravljeno od metalne konstrukcije ranije korištne za konstrukciju skela na zgradama. Bio je to zapaljivi tromblon. Isprobali su ga u Tehničkoj školi tako što su ga bacili sa trećeg sprata na beton pazeći da se okolo ne nalazi nikakav zapaljivi materijal. Bio je to potpuni uspjeh, tromblon je davao plamen okolo da je mogao zapaliti bilo koji cilj sagrađen od gorive materije. Prije nego što bi prešli na izradu tromblona s eksplozivom, trebalo je osigurati sigurnost samog tromblona. Naime, ako ispadne sa visine od jednog metra slučajno, upaljač se ne smije aktivirati. Esad je pojačao oprugu inercionog upaljača, koja je stvarno sprečavala da se upaljač aktivira ako padne sa visine od jednog metra.

Dogovorena je izrada novog tromblona s takvim karakteristikama. Nažalost, kako u Tehničkoj školi nije bio odgovarajućeg materijala za inercioni klip upaljača, u Tehničkoj školi su improvizirali klip upaljača tako da su ga napravili od drveta, bez Esadovog znaja i pristanka. I, naravno, na probi test nije uspio, iako su test posmatrali i stručnjaci iz Predsjedništva BiH i UNPROFOR-a. Ipak, mala grupa se nije predavala. Dogovorili su da nastave rad sada u fabrici „Vaso Miskin Crni". Željeznički radionički kompleks „Vaso Miskin Crni" bio je u sastavu „Energoinvesta" i svojevremeno je to bila tvornica proizvodnje i remonta željezničkih vozila.

Esad, Mladen i Ivica su započeli pregovore s upravom tvornice. Prošli su i kroz sigurnosne provjere koja se obavljala u jednoj prostoriji u potpunom mraku, gdje su ih ispitivali jedno sat vremena. Kao rezultat dobili su akreditacije tvornice, s pravom da mogu ući i izaći kadgod žele i plus dobili su kao asistenciju jednog momka, zaposlenog u fabrici, po imenu Željko. Toj grupi entuzijasta pridružio se i bivši direktor njihove male predratne kompanije, Momčilo. Momčilo je bio interesantan lik koji je izbjegao iz Hrvatske na početku 1991, kada je rat i krenuo u Hrvatskoj. Bio je totalni pacifista, nije htio da učestvuje u ratu niti u Hrvatskoj niti u Bosni. Čak nije htio ni da značajnije učestvuje u proizvodnji tromblona, već je govorio: „Vi to radite ako hoćete, ja ću se baviti samo finansijskom stranom."

Nakon prvih nekoliko sastanaka u fabrici uslijedio je šok. Njihov asistent Željko je ubijen snajperom, a put do fabrike iz centralnog dijela Sarajeva je bio praktično zatvoren vatrom iz protuavionskih topova. Tokom jednog pokušaja prolaza metak protuavionskog topa je okrznuo rukav Esadovog kaputa ostavljajući sprženi trag. Uslijedila je pauza i Esad je bezuspješno pokušavao da pokrene izradu tromblona moleći Komandu TO RBiH na Koševskom Brdu. I, stvarno, komanda je pokušavala pomoći razgovarajući s lokalnim privatnicima, ali uspjeha nije bilo.

Jednog dana Esada je posjetio njegov bivši direktor iz „FAMOS"-a, Svetozar Hrnjez. Znali su se dobro jer je Esad, dok je radio u „FAMOS"-u, dostigao nivo rukovodioca odjeljenja Općeg tehničkog razvoja u fabrici mjenjača. U to vrijeme odjeljenje Općeg tehničkog razvoja je bilo odgovorno za uvođenje novih tehnologija, kompjutersko programiranje raznih tehničkih kalkulacija i uvođenja CAD/CAM tehnologije. Svetozar je bio u jadnom stanju, ispijen, zabrinut i skrušen. Tokom ulaska u stan skinuo je cipele pokušavajući da ispoštuje tradiciju Bošnjaka, koji su tradicionalno skidali cipele kada su ulazili u kuću. Ta ih je tradicija spašavala od mnogih zaraznih bolesti vijekovima. I Esad, sada izvan TO RBiH, bez hrane i cigara i bilo kakve druge pomoći je također bio u jadnom stanju. Pozdravio je bivšeg kolegu i upitao za zdravlje.

Svetozar se požalio: „Mobilizirali su mi sina u TO, možeš li mi pomoći da ga vratim, opasna su vremena, to mi je jedinac."

Esad ga pogleda, najradije bi mu rekao da nije više ni u TO RBiH, ali ga je bilo stid. Svetozar je o njemu imao visoko mišljenje dok su radili zajedno i pretpostavljao je da sada Esad visoko kotira i u TO RBiH.

-„Žao mi je, Svetozare, niti te mogu počastiti kafom niti ti mogu pomoći oko toga", reče Esad.
-„Pokušaj sam otići u Komandu TO RBiH i popričaj s njima."

-„Ma, ne smijem, znaš i sam da sam ja Srbin i ko zna na koga ću tamo naletiti."

-„Ma slobodno", reče Esad, „ima Srba i u komandi TO, uostalom i general Jovan Divjak je Srbin, pa general Stjepan Šiber je Hrvat, popričaj s njima."

Svetozar ga pogleda s nevjericom, bio je siguran da će mu bivši kolega s posla pomoći. Izašao je skrušen pognute glave. Glad i nestašica cigareta su ubijali i tijelo i psihu. Polako se osjetio i gubitak težine. Esad je spao na svega 48 kg, ali se nije predavao. "Ako ne mogu ovdje ništa učiniti, možda se mogu pridružiti negdje drugo, treba preživjeti." U zgradi je živjela jedna fina gospođa Fatima koja je imala neke veze s drugim jedinicama TO RBiH. Zamolio je da mu ugovori sastanak s njima. I, stvarno, jedne veče dođe kod Fatime pokrupan čovjek osrednjih godina u uniformi.

-"Kako mogu pomoći?", pitao je vojnik u uniformi.

-"Ne znam", reče Esad. "Ovako umirem od gladi, pa ako već moram umrijeti da mi je bar da poginem ko čovjek", reče Esad.

-"Aha", reče vojnik, "ako baš hoćeš da pogineš ko čovjek, najbolje ti je da te ubacimo kod komandanta Zajke, on jedini pravo ratuje u ovom gradu."

-"Važi", reče Esad s olakšanjem. "I to je nešto", pomisli. Pao je dogovor da se vidi s komandantom Zajkom sutra u njihovoj komandi.

Esad je sjedio pored prozora i razmišljao. Šta li ga čeka sutra? Hoće li ga primiti ili odbiti? Od toga mu zavisi život. Neko u tom momentu pokuca na vrata. Bio je to njegov prvi rođak Edib s još nekim momkom. Široki osmijeh i zagrljaj. Kaže da je prolazio tuda i svratio da vidi jesam li živ. Edib je radio u Vojnoj bolnici kao hirurg i samim tim imao široki krug poznanika i u Sarajevu i među UNPROFOR-om. Esad mu ispriča šta se desilo i kakav mu je plan za sutra. Edib klimnu glavom, nije mu se svidjelo šta čuje.

-"Znaš li engleski?", upita Esada.

-"Znam", reče Esad.

-"Hajde da vidim", reče Edib i nastavi razgovor na engleskom jeziku. Esad prihvati konverzaciju na engleskom. Izmijenili su nekoliko osnovnih pitanja i odgovora. Test je uzgleda uspio i Edib zadovoljno klimnu glavom.

-"Znaš", reče Edib, "u Sarajevo je nedavno stigla WHO UN agencija (Svjetska zdravstvena organizacija). To je World Health Organization. Već su me pitali znam li nekoga ko može da vozi i zna engleski. Treba im vozač i prevodilac. Bi li se toga prihvatio?"

-"Naravno da mogu", reče Esad. "Kakve su mi šanse?"

-"Ja ću im javiti da ćeš doći sutra oko 11 na intervju, a ostalo je do tebe", reče Edib. "Uspjet ćeš, znam ja tebe. Ako si uspio za-vršiti Mašinski fakultet u roku, ovo će biti za tebe mala maca", nasmija se Edib pun optimizma. Ustao je, potapšao Esada po ramenu i krenuo ka izlazu. "Vidimo se poslije intervjua", reče i izađe iz stana.

"Dva intervjua u jednom danu", pomisli Esad. "Ovaj drugi je mnogo interesantniji, jesam li stvarno toliko sretan ili baksuz, vidjet ćemo."

Chapter 12

POURQUOI

Skoro sve agencije i vojne snage Ujedinjenih nacija u Sarajevu su bile smještene na Stupu u zgradi u kojoj su prije rata bile prostorije Pošte BiH. Tu su bili smješteni i UNPROFOR i UNICEF i WHO i Crveni krst s ljekarima bez granica. Zgradu i prilaze su obezbjeđivali vojnici UNPROFOR-a iz Francuske. Tu su bili smješteni oficiri za vezu i TO RBiH i Karadžićeve paravojske. Svi skupa su se hranili sa jedne kantine u restoranu zgrade. Oficiri za vezu TO RBiH i srpske paravojske morali su ručati i večerati u istoj prostoriji, što su i radili redovno gledajući se poprijeko. Incidenata nije moglo biti, jer je obezbjeđenje bilo jako i profesionalno. Niko nije smio unositi bilo kakvo oružje. Tu je bilo smješteno i lokalno osoblje UN-ove agencije, od prevodilaca do vozača konvoja i drugog pomoćnog osoblja.

To jutro kada je Esad krenuo na intervju, pred zgradom Pošte bilo je mnogo svijeta i francuski vojnici UNPROFOR-a, koji su čuvali ulaz. Bila je gužva, mnogi su tražili da vide nekoga iznutra, neki su htjeli neku pomoć, a neki da pošalju pismo vani. Vojnici su ih uglavnom ignorirali, a, i da su htjeli da pomognu, malo ko od okupljenog naroda je znao strani jezik.

Esad se probio do samog ulaza gdje je stajao jedan tamnoputi vojnik UNPROFOR-a. "Mora da zna nešto engleskog", pomisli

Esad, iako je bilo očito da se radi o Francuzu, vjerovatno pripadniku čuvene francuske Legije stranaca.

–"Hi, can you please let me in?" ("Možete li me pustiti unutra, molim vas?"), reče Esad obraćajući se vojniku.

–"Purquoi?", viknu vojnik podignuvši glavu upitno. Esad nije znao ni riječi francuskog, ali ovo "purquoi" je čuo više puta gledajući filmove Jean-Paul Belmonda i shvatio je da ga vojnik pita "zašto?".

–"I've got an interview for the job" ("Imam intervju za posao"), reče Esad smireno i samouvjereno.

Vojnik ga odmjeri od glave do pete, izgledao je smireno i odlučno.

-"Entrez" ("Uđi"), reče vojnik otvarajuću ulaznu rampu.

Na ulazu je ušao u zgradu gdje ga je čekalo obezbjeđenje. Pretresli su ga detaljno da vide ima li kakvo oružje, a onda uputili u kancelariju Svjetske zdravstvene organizacije (World Health Organisation – WHO). Doktorica Margareta Rubin je bila šef WHO kancelarije u Sarajevu. Bila je to žena srednjih godina, malo debljeg stasa, ali vitalna i okretna, puna entuzijazma. Nosila je lanac s krstom na prsima i bila uvijek u pantolama i bluzi plave boje. Dočekala je Esada s odmjerenim pogledom i uobičajenim pozdravom "hello".

Pored Margarete je stajao jedan krupan čovjek po imenu Bill, malo prosijed, mjereći svaki Esadov pokret. "To je tim koji će me intervjuirati", pomisli Esad.

Izgledalo je da je usmeni dio intervjua prošao uspješno. Klimali su glavom zadovoljni Esadovim odgovorima.

−"U redu", reče Bill obraćajući se Esadu na engleskom jeziku, "evo ti ključ od Land Rovera i sada me odvezi u bolnicu Koševo."

To je valjda bio praktični dio intervjua. Esad je do tada vozio Fiat 850, Zastavu 101 i VW Golf, ali nikada nije imao priliku voziti vojni Land Rover s pogonom na sva četiri točka.

Sjedište Land Rovera je bilo udobno, ali komandna tabla ispred vozača je Esadu izgledala kao da se radi o avionu. Od desetina raznih instrumenata prepoznao je brzinomjer, mjerače benzina, signale za svjetla itd. Bill mu je pokazao plan brzina na mjenjaču. Krenuli su uz izvjesno trzanje, jer Esad nije bio naviknut na jako kvačilo i osjetljivu gas pedalu.

−"Naviknut ćeš se", reče Bill zavaljujući se udobno u naslon. Nije ni malo sumnjao u to što je rekao.

Stigli su u Koševsku bolnicu bezbjedno. "Dobio sam posao", pomisli Esad radosno, "bar neću umrijeti od gladi."

Chapter 13

SVJETSKA ZDRAVSTVENA ORGANIZACIJA (WORLD HEALTH ORGANIZATION – WHO) U SARAJEVU

Esad i Risto Tervahauta, šef UN WHO agencije u Sarajevu,
1993, ispred zgrade Predsjedništva Republike BiH

Pad komunizma u Republici BiH nije se desio na isti način kao u ostalim jugoslavenskim republikama. U svim drugim republikama SFRJ isti političari, komunisti su obukli dres soci-jaldemokratije, formirali neku vrstu socijaldemokratske partije i nastavili vladati nakon što su pobjeđivali na prvim višes-tranačkim izborima.

U Republici BiH desilo se nešto drugo. Polusvijet sa raznih Durmitora, Zabrđa, kamenjara i gudura BiH se brzo organizirao uz pomoć režima u Srbiji i Hrvatskoj i dokopao vlasti sa ciljem da provode politiku rušenja Republike BiH i stvaranja velike Sr-bije i velike Hrvatske na njenom tlu. Srbijanski režim je izvadio iz zatvora Aliju Izetbegovića, koji je robovao zbog pripadnosti orginizaciji "Mladi muslimani", organizaciji koja je inače djelo-vala na Bliskom istoku. Zatim je dobio uredno pasoš, posao i njihovu pomoć da osnuje etno-klerikalnu stranku pod nazivom Stranka demokratske akcije (SDA). Odmah zatim osnovane su etnoklerikalne stranke bosanskih Srba – Srpska demokratska stranka (SDS) i bosanskih Hrvata – Hrvatska demokratska za-jednica (HDZ). Posljedica toga je bila da je na vlast došla vrsta političara većinom kriminalnog miljea, bez etike, obrazovanja i morala i bez bilo kakvih civilizacijskih i diplomatskih manira. Progovorile su fukare, a pametni zašutjeli. BiH mediji su se stavili u službu fašističkih politika, prenoseći ideologiju mržnje, kvazihistorijske priče iz prošlih ratova i kao Gebelosov radio bili u službi fašističkih politika novopečenih plemenskih vođa. Do tada civilizirano bh. društvo je počelo kliziti u društvo za-trovano mržnjom, društvo u kome je genocid postajao moguć. Istina, bilo je u medijima časnih novinara koji su se suprot-stavljali takvim politikama, neki su čak i poginuli izvještavajući sa ratišta, ali je zaglušujuća buka fašizma sa svih strana zasje-nila njihove napore.

Internacionalna zajednica je po izbijanju agresije na RBiH odgovorila po istom klišeu kako je djelovala u ostalim kriznim područjima u svijetu. Organizirala je humanitarnu pomoć i pokušala sklopiti neki dogovor s plemenskim vođama, pastirima svog stada. Demokratije, koju su obećavali plemenski lideri prije izbora, nigdje nije bilo. Bosanski Srbi su napustili Parlament RBiH i kao pobunjenici osnovali svoju upravu na mjestima gdje su imali većinu. Isto su uradili i bosanski Hrvati. Ostali su bili na milosti i nemilosti njihovih dobro naoružanih paravojski, koji su bili oružjem i logistikom snabdjeveni iz Srbije i Hrvatske. Za sve ostale građane, lojalne svojoj domovini Republici BiH, važio je svjetski embargo na oružje, pošto su sve oružje TO RBiH bh. vlasti naivno predali u ruke sada Miloševićeve JNA, još prije početka agresije.

WHO u Sarajevu je trebao biti dio te internacionalne humanitarne pomoći. Doktorica Margareta Rubin je u početku bila šef agencije. Najosnovniji lijekovi, kao dio humanitarne pomoći, stizali su u Univerzitesku bolnicu na Koševu i prije osnivanja WHO-a, drugim kanalima. WHO je imao ulogu da izvještava UN o zdravstvenoj situaciji u RBiH. Za to im je trebala satelitska komunikacija koju su uskoro dobili, ali nisu znali kako da je stave u funkciju.

–"Ti si inženjer, Esade, a mi smo samo doktori, možeš li nam pomoći?", upita Margareta Esada.

–"Pokušat ću, iako sam inženjer mašinstva, a ne telekomunikacija", odgovori Esad.

Uređaj se zvao "Capsat". Bila je to jedna mobilna kutija s prvom verzijom laptop komjutera koja je tada bila dio samo vojnih uređaja i antenom veličine manjeg kišobrana.

Esad prouči uputstvo i krenu sa "set up" procedurom slijedeći korak po korak proceduru datu u uputstvu. Bez uspjeha!

Pokušao je još jednom, bez uspjeha. Onda je počeo gledati "hardware", konekciju, konektore i antenu.

–"Hm, antena je odmah iza betonskog zida, možda je to problem", reče Esad podignuvši obrvu zabrinuto. Stavio je antenu vani, kroz prozor, uperio prema nebu i probao opet.

–"Hello Sarajevo, greetings from WHO Geneva", pojavilo se uskoro na ekranu laptopa.

Pljesak se orio kancelarijom, svi su bili sretni da iz pakla Sarajeva mogu poslati poruku svijetu. Odmah potom stizale su poruke iz WHO agencija iz Beograda, Zagreba i ostalih centara Evrope. Bio je to prvi kontakt bilo koje UN agencije iz opkoljenog Sarajeva.

Bio je prohladan zimski dan u Sarajevu. Nije bilo struje, vode, ogrjeva, hrane, cigareta. Što je stizalo hrane preko humanitarnih organizacija jednom mjesečno, trajalo je veoma kratko, možda jednu sedmicu. Narod se snalazio kako je umio. Pravili su male pećnice od lima i u njima ložili šta su stigli od knjiga koje su imali, namještaja, do plastike, starih cipela i drva koje su posjekli u gradskim parkovima. Za svjetlo su koristili šoljicu napunjenu vodom, s dosutim uljem na vrhu i fitiljem. Takva "lampa" mogla je trajati satima, dovoljno dok se ne ode na spavanje.

Doktorica Margareta je dobila poziv da ide na sastanak s doktorom Smajkićem, u bolnicu Koševo. Esad i Margareta su krenuli Land Roverom bijele boje s vidljivim natpisom "UN". Išli su kroz Ulicu kralja Tomislava, a onda skrenuli ka ulici koja vodi ka bolnici i koja je u nekim dijelovima imala red visokog drveća, divljeg kestena sa strane uz sami trotoar. Nekoliko promrzlih ljudi, upijenog lica i izgubljenog pogleda je pokušavalo posjeći jedno drvo, koje im je trebalo za ogrjev. Bili su iritirani samom činjenicom da moraju uništavati zelenu površinu svoga grada da bi preživjeli. Takva scena se Margareti učinila zanimljivom, htjela je da to snimi fotoaparatom i zamolila Esada da zaustavi Rover u njihovoj blizini.

–"Ne!", uzviknu Esad predosjećajući da će time dodatno izazvati ljude.

Pripadnici UN agencija s plavim šljemovima i zaštitnim prslucima su izgledali narodu nestvarno, čak donekle i neprijateljski. Jer, granate padaju, snajperi djeluju, grad je pod opsadom usred Evrope, a svijet ništa ne čini, već snima! Nedostatak empatije svijeta prema njima su razumijevali kao pokušaj evropskih "templara" da vode krstaški rat protiv preostalih muslimana Evrope.

Prije nego što ju je Esad uspio zaustaviti, Margareta je otvorila vrata, stala na prag Land Rovera i počela slikati. Par nesretnika ju je pogledalo i onda s podignutim sjekirama pojurilo ka Land Roveru psujući. Bila je to opasnost po život, jer nije bilo teško pretpostaviti gdje će sjekire završiti. Esad je brzo povukao Margaretu na sjedište i dao gas, pribrano odlučan da spasi i sebe i Margaretu. Tih dana život se u Sarajevu gubio za sitnicu. Vozilo se ubrzalo prema napadačima, a oni nisu imali drugog izbora osim da se sklone. Sretno su stigli do bolnice Koševo, niko ih nije pratio, mada nisu bili sigurni šta ih čeka u povratku. Potom je Esad povišenim tonom objasnio Margareti da je njen život povjeren njemu dok su u gradu i da mora slušati njegove upute, bilo da u njima vidi smisla ili ne. Objasnio joj je da on zna ove ljude, zna šta ih čini agresivnim, zna kako dišu i da ovaj dio svijeta ne pripada svijetu iz kojeg je ona došla. Šutjela je i drhtala od straha, pogledala je Esada zahvalno pravdajući se da je samo htjela da pokaže svijetu slike i mizeriju koju preživljavaju građani ovog grada.

Margareta Rubin nije bila omiljena osoba među građanima Sarajeva. Zabranjivala je Esadu da Karadžićeve četnike naziva agresorima i čudno se ponašala na sastancima. Na jednom sastanku nevladine organizacije "Centar za mir" optuživala je branioce Sarajeva da švercuju barut u bocama za kisik, koje su stizale u bolnice. Zatim je tražila da branioci Sarajeva, mahom TO RBiH i policija, prestanu činiti zločine nad Srbima koji su ostali u Sarajevu u svojim kućama. Takvih zločina nije bilo kao dio strategije odbrane grada i države, a, ako se i desio poneki pojedinačni incident nekog od vojnika ili komandira odbrane, koji su u tom paklu izgubili osjećaj ljudskosti, policija je odmah reagirala i sankcionirala počinioce. Svi su uglavnom stradali od Karadžićevih granata i snajpera, a među njima brojni i Srbi i Bošnjaci i Hrvati. Sarajevo je 1.425 dana bilo pod opsadom, a tokom ove četiri godine ubijeno je 11.500 osoba, od toga 1601 dijete. Među braniocima Sarajeva u regularnim jedinicama bilo je pripadnika sve tri etničke grupe i svi su zajednički branili grad. Neutemeljene fantazije doktorice Margarete su bile fabrikovane dok je posjećivala Karadžićeve teroriste.

Tokom jedne od prijašnjih posjeta bolnici Koševo, Esad je dao doktorici Milki, koja je radila sa Smajkićem, jednu krušku koja mu se zatekla u džepu. To je bilo sva pomoć koju je WHO dao bolnici Koševo dok je Margereta bila šef WHO. Uskoro su stizale izjave uprave bolnice da su oni zadovoljni sa svime što WHO donese pa makar to bila i jedna kruška. Znalo se da Margareta posjećuje samo izbjeglice Hrvate, koji su bili smješteni u jednu sarajevsku školu, a da nikada nije htjela posjetiti izbjeglice iz istočne Bosne, Bošnjake smještene u hotelu "Evropa".

Doktor Smajkić je bio interesantna ličnost, koja je po svemu sudeći bila glavna osoba koja je upravljala snabdijevanjem bolnice Koševo. Najosnovniji lijekovi su ipak njegovom zaslugom stizali u bolnicu iz raznih dijelova svijeta, upućene od strane raznih humanitarnih organizacija, a pošiljke su kao adresu navodile njegovo ime. Nije bio zadovoljan saradnjom s WHO-om, jer od njih nije bilo nikakve pomoći. Često je gunđao Esadu u uho: "Prijatelju, ova vaša gospođa Rubin je nekako previše neutralna", aludirajući na njenu određenu bliskost s Karadžićevom paravojskom.

Doktor Smajkić je imao jedan manir naslijeđen iz komunističkog perioda, a to je da je mogao govoriti satima, a da ništa značajno ne kaže. Obično je počinjao sastanke s WHO-om kitnjastim uvodom tipa: "Polazeći od stavova i zaključaka koje smo svesrdno prihvatili tokom prošlog sastanka i koji na određeni način svesrdno odslikavaju namjeru uprave a u cilju..."
Esad bi to obično skraćivao i prevodio kao: "Kao što smo se prošli puta dogovorili...". Nije bilo tog prevodioca na svijetu koji bi mogao prevesti Smajkićeve jezične vratolomije, a i ako bi uspio, niko ga na svijetu ne bi razumio.

Toga dana sastanak u bolnici Koševo je počeo s uvodom doktora Smajkića koji je trajao pet- šest minuta. I opet je malo ko shvatio šta je govornik htio da kaže. Onda se za riječ javio jedan doktor iz istočne Bosne. Bio je jasan, glasan i određen, a Esad je sa zadovoljstvom prevodio svaku njegovu riječ.

Rekao je: "Gospodo, vi ne shvaćate da se u istočnoj Bosni dešavaju strašni zločini. Civile, Bošnjake i Hrvate, paravojne formacije iz Srbije zarobljavaju i ubijaju masovno. Sela su spaljena, ljudi nemaju hranu, nemaju oružje, nemaju lijekova. Izbjeglice koje su stigle u Srebrenicu i Žepu su okružene i svakodnevno se granatiraju. Ako UN to gleda mirno i neće da pomogne, neka ide iz naše zemlje, mi se nećemo tek tako predati i tek tako nestati bez borbe!"

Nastao je tajac. Ova poruka da napuste Bosnu je imala efekta. Sastanak je bio završen. Ubrzo je doktorica Margareta dala ostavku, a na njeno mjesto je stigao doktor Risto Tervahauta, inače vojni ljekar sa činom oficira finske armije. Ubrzo je u kancelariju WHO-a stigao i ljekar iz Ujedinjenog Kraljevstva, doktor Simon Mardel. Malu ekipu WHO-a u Sarajevu su sada činili doktor Risto, doktor Simon, Esad kao prevodilac i vozač i Edin kao logističar.

Risto je bio staložena osoba lahko adaptabilna na svaku situaciju. Pošto je imao ime Risto, kao i mnogi Srbi, lokalno osoblje UN-a, smješteno u zgradi Pošte, dalo mu je nadimak Risto Četnik. Taj nadimak je i sam rado prihvatio, jer mu je davao lakši pristup Karadžićevim pobunjenicima. I njima je bilo stalo da imaju utjecaj na pripadnike UN-a pa su ga često častili janjetinom i rakijom tokom njegovih solo posjeta. Tada mu nije trebao prevodilac, a i Esad, kao bivši pripadnik TO RBiH, nije bio poželjan. Inače, i samo domaće pomoćno osoblje UN-a koji su imali status "UN local staff" je bilo dosta dovitljivo u zbunjivanju potencijalnih neprijatelja i KOS-ovih špijuna. Tako su sebi davali nadimke poput Zike, Njonjo i mnoga druga neutralna imena, tako da je u radio-komunikaciji preko motorole teško bilo odgonetnuti zaraćenim stranama o kome se radi. Bilo je zabavno čuti na radio-vezi nešto slično kao: "Hello, Njonjo speaking, do you copy?", na šta bi se lokalni uposlenici UN-a smijali, a strani nisu razumjeli zašto se ovi smiju.

Doktor Simon Mardel je izgledao kao tipični "englishman" opisan u romanima Karl May-a. Bio je visok, malo nakrivljene glave pa nije bilo jasno je li do glave ili vrata. Nosio je uvijek punu torbu medikamenata hitne pomoći za slučaj da ga granata ili snajper pogodi. Imao je tipičan imperijalni pogled na svijet.

Lokalno osoblje UN-a je vidio kao male "pleasove" iz britanskog komonvelta. Od njih je očekivao samo "yes, yes", "please, please", široki osmijeh i klimanje glavom. Sve drugo je bilo neprihvatljivo standardima UN-a, kako ih je on vidio. S Esadom, koji je imao potpuno drugačiji pogled na svijet, odmah je došao u konflikt. Niti mu je odgovarao s "yes" i "please", niti mu se kezio i klimao glavom, što je Simona dovodilo do ludila. Tražio je dlaku u jajetu da ga kompromitira. Inače, mentalitet "klimoglavaca" ili kako ih narod vidi kao "yes" i "please" tipove dobro je opisala čaršija, lansirajući poneki vic na svaku neuobičajenu pojavu. Vic o "pleaseovima" ide nekako ovako:

Bio Haso na safariju u Africi i po povratku se počeo hvaliti svojim lovačkim pričama. Kao ubio 3 lava, 2 tigra, jednog krokodila i 3 please. Onda ga ljudi pitaju: "Pa dobro, a šta su ti ta tri please?" A on kaže: "Ne znam ni ja, idem ja savanom kad iz trave izroniše tri glave vičući: 'Please, please, please!'"

Edin logistčar je bio prilagodiv svakoj situaciji i lahko je našao zajednički jezik sa Simonom, na bazi izvršavanja Simonovih zahtjeva bez pogovora, klimanja glavom i snabdijevanja informacijama šta ko radi u agenciji i šire. Nije znao da je Edin istovremeno bio izvor informacija i bosanske vlade tajne službe iz Sarajeva. Esad ga je povremeno vozio pred njihovu agenciju, gdje je Edin davao raport. Nije bilo jasno jesu li te informacije bile jednosmjerne ili dvosmjerne, nazad do doktora Simona.

Chapter 14

PUT U ISTOČNU BOSNU

Izgledalo je da je kritika doktora iz bolnice Koševo urodila plodom. Neko je odlučio da WHO posjeti istočnu Bosnu. Pripreme su bile obavijene velom tajni. Nije se tačno znalo ko ide i gdje je odredište. Spominjala se Srebrenica i Žepa. Po povratku, Esad je vidio izvještaj samo iz Žepe, ali ne i iz Srebrenice, mada su učesnici po povratku spominjali i Srebrenicu.

Risto Tervahauta je odlučio da WHO Land Rover ne vozi Esad, već medicinski tehničar Dragan koji je radio u bolnici Koševo. Bio je blizak s Ristom i povremeno su se sastajali tokom Ristine posjete Koševu. "Možda je to bila neka linija saradnje 'skuhana' tokom Ristinih epizoda s janjetinom i rakijom kod Karadžićevih ljudi", pomisli Esad, jer je Dragan bio etnički Srbin.

Na spisku nisu bili ni doktor Simon niti logističar Edin. Izgovor je bio da nije bilo sigurno da etnički Bošnajci idu kroz punktove provjere Karadžićevih snaga, iako su imali uredne akreditacije UN-a. Izgovora za Simona nije bilo, ali vjerovatno su se bojali šta će ekscentrični doktor tamo vidjeti i moguće obavijestiti "UK Foreign Office" i svjetsku javnost. Ipak, Simon se nije dao odgovoriti. Bez znanja i odobrenja UN-a, Simon se krišom ubacio u konvoj. Poslije se izgubio u gudurama istočne Bosne pa su se u potragu dale za njim sve agencje UN-a.

Pred sami polazak Esad je otišao u bolnicu Koševo da preuzme pošiljku lijekova i medicinske opreme namijenjenu kao humanitarnu pomoć istočnoj Bosni. Prvo je otišao do Dragana po uputstvu koje je dobio u kancelariji WHO-a.

—"Dragane, došao sam po lijekove i opremu", reče Esad.

Dragan ga pogleda, skrenu malo glavu ustranu i reče: "Nije još spremno, dođi kasnije."

Doktorica Milka je bila u blizini i obrati se obojici: "Jeste, spremna je pošiljka, sad ću organizirati ljude da je prebace ovdje."

Na Esadovo iznenađenje Dragan pocrveni od bijesa i dreknu se na Milku: "Šta se ti miješaš, ko je tebe šta pitao?!"

Esad se okrenuo prema Draganu, pogledao ga prodorno u oči: "Slušaj, Dragane, ovo nije igra, od ove pomoći možda zavise mnogi životi, nemoj da se igraš sa mnom. Hoću sve do jednog lijeka da je utovareno u auto odmah."

Dragan se demonstrativno okrenu i ode ostavljajući Milki da dovrši posao.

"Risto će dati ovom čovjeku da prevozi humanitarnu pomoć", zamisli se Esad, "daj Bože da išta stigne do žrtava agresije, pored Dragana i Riste." Posumnjao je da u vezi s ovom pošiljkom postoji i neka druga skrivena agenda.

U izvještaju koji će kasnije (18.1.1993) Risto Tervahauta poslati Sir Donaldu Achesonu, WHO Zagreb, stajalo je da su predali u ambulantu u Žepi pola kamiona medicinske opreme i lijekova obezbjeđene iz MSF-a Beograd. Nigdje se ne spominju lijekovi poslani iz Sarajeva.

Raport WHO-a iz Žepe sadržavao je stravične detalje:

-900 ukupno umrlih od aprila (1992);

-400 umrlih od gladi;

-60-70 umrlih od bolesti;

-430 ubijenih granatama, mecima i od mina;

-400 pacijenata oboljelih od ratnih trauma, od kojih je 70 umrlo nakon tretmana;

-36 amputacija, 30 još uvijek živi;

-27 amputacija tipa "crurius ili tarso-metatarsale";

-1 amputacija "femoris";

-5 amputacija "anebrachium";

-1 amputacija "brachii";

-4 amputacije prstiju;

-7 su bili djeca, 3 umrla;

-2 "lapartomis", oboje umrlo;

-17 "gas gangrenes", samo jedan preživio.

-Kod anestezije imali su samo alkohol, dok su neki pacijenti odbijali da ga uzmu. Za djecu nisu imali ništa. Pacijenti su se molili Bogu, pjevali, plakali ili vrištali za vrijeme operacija.

-Bilo je 16 zavisnika od insulina – dijabetičara, jedini mogući tretman je bila dijeta izgladnjivanjem.

-Medicinska situacija je bila kao prije nekoliko vijekova.

-Stanovništvo je u urgentnoj potrebi za hranom, zaključio je Risto u svom raportu.

Konvoj se vratio u Sarajevo bez doktora Simona, koga su tokom ekspedicije negdje zagubili.

–"Mora da se negdje izgubio hvatajući leptire mrežom po obližnjim šumama", pomisli Esad.

Sve UN-ove agencije su se dale u potragu za njim, od WHO-a, UPROFOR-a do UNICEF-a. Esad je angažirao i neke svoje poznanike na RTV Sarajevo da ga pokušaju locirati putem slanja vijesti o njegovom nestanku. Risto je bio uključio i logističara Edina da ide s njim na TV Sarajevo, ali se Edin onako nadmeno pokušao nametnuti kao vođa akcije tražeći od Riste bezbroj uputa i dobijao ih nazad ignorirajući Esada. Esad ga je odveo do zgrade RTV Sarajevo i tamo ostavio. „Ako baš hoćeš da vodiš akciju, eto ti prilika", mislio je. Edin se vratio neobavljenog posla. Esadova veza je pitala gdje je on i šta zapravo Edin traži. Nije znao ni zašto je došao, ni šta da pita ni s kim da priča. Akcija je samim time propala.

Cijeli WHO je bio alarmiran da im je Simon nestao. Bili su više zabrinuti ukoliko se pojavi, nego ukoliko ga ne nađu, jer su se bojali da će ekscentrični Simon odmah izaći u javnost s hororom koji je vidio. Simon se nakon nekoliko dana sam pojavio u kancelariji WHO-a, ispijen, iscrpljen, izdrpan, sav u jadnom stanju. Odmah su ga opkolili WHO oficir za javno mijenje, Risto i mnogi drugi visokopozicionirani kadrovi UN agencija. Tražili su do njega da ne smije progovoriti u javnosti šta je sve vidio, jer, navodno, to bi još više odmoglo žrtvama. Navodno, kada bi ta vijest doprla do Karadžićevih ljudi, Karadžić bi zabranio druge konvoje humanitarne pomoći. Istina je bila utišana, a stanovnici Žepe kao i ostatka istočne Bosne su bili prepušteni na milost i nemilost Miloševićevim i Karadžićevim paratrupama.

Tih dana logističar Edin je imao službeni put u Zagreb. Vratio se s nekoliko vreća hrane humanitarne pomoći, koje je podijelio izgladnjeloj rodbini u Sarajevu i svojim poznanicima, a dvije vreće je dao i Esadu, na čemu mu je bio itekako zahvalan. Esad je jednu vreću odnio sestri Emiri, a drugu Jasninim roditeljima. Bio je to dar s neba za njih, jer su već bili iscrpljeni od gladi i promrzli od zime. I mjesec dana prije toga doktorica Margareta je dobila nekoliko paketa hrane kao pilot-projekat istraživanja šta bi građanima opkoljenog Sarajeva mogla biti pomoć. Esad je uspio preuzeti 3 te ih je podijelio sestri Emiri, Jasninim roditeljima, kao i bivšim saborcima i prijateljima. Svaka pomoć je dobrodošla. Kada bi vozio sam Land Rover, imao je običaj stati pored djece na putu i dati im ponešto od hrane.

Jedan dan dr. Edib je ušao u kancelariju WHO-a s djevojkom Ivon iz Engleske. Radilo se o pripadnici neke dobrotvorne organizacije, koju je organizacija poslala da istraži stanje u opkoljenom Sarajevu. Najbolji način da osjeti stanje stvari bilo je da bude smještena kod neke porodice par dana i s njima dijeli iskustvo, dobro i zlo. Nakon nekoliko konsultacija s vlastima i kriznim štabovima isplivalo je ime "sretnog" domaćina.

–"Ivon, imamo ime i adresu", reče Edib.

–"Da", reče Ivon upitno gledajući u njega.

–"Domaćin se zove Muhemed, a adresa je Ulica Oktobarske revolucije, br. 5", reče Edib.

–"Je li to ulica po imenu one ruske komunističke Oktobarske revolucije?", upita Ivon. „Pretpostavljam, gospodin Muhamed, musliman, stanuje u ulici baš te komunističke revolucije?", pojasni pitanje Ivon.

–"Da", reče Edib sa širokim osmijehom na licu. „Teško je to vama razumjeti, sve se poklopilo da vas zbuni", reče Edib smijući se.

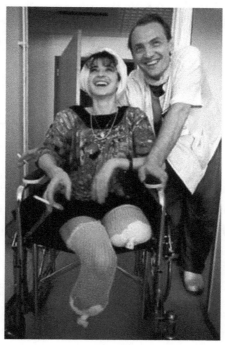

Photograph Copyright © Roger M. Richards. Vojna bolnica u Sarajevu 1992, hirurg dr. Edib Jaganjac s pacijenticom Fikretom Hadović

Šef WHO-a u Sarajevu, Risto Tervahauta, i doktor Simon su uskoro dobili poziv iz zgrade Predsjedništva RBiH da posjete neku od vladinih agencija. Agencija je imala prevodioca i Esad im nije trebao, osim da ih preveze do zgrade. Land Rover se lagano kretao gradom, zaobilazeći rupe na putu i grupe ljudi koji su stajali pored puta očekujući da ih neko preveze u centar grada. Javni prevoz nije radio od početka agresije. Iz jedne takve grupe iskočila je pred auto mlađa ženska osoba, crne kose, mašući rukom očito moleći za autostop.

Esad pogleda malo bolje u lice žene. Bila je to Arsenija, njegova kolegica s posla iz firme „FAMOS", gdje su skupa radili. Imala je nadimak Maca, jer se veoma uspješno znala umiljavati prijateljima, a inače je bila prijatna osoba. Esad je stao bez razmišljanja i dozvolio joj da uđe u auto na sjedište pored njega. Skakala je od radosti, prvo što ima prevoz, a drugo jer je srela kolegu, poznanika u tim teškim danima. Risto i Simon su sjedili na zadnjem sjedištu. Risto je gledao otvorenih usta pokušavajući da shvati šta se dešava, a Simon je odmah počeo s negodovanjem: "Esade, nije dozvoljeno primati putnike u vozila UN-a", vikao je.

Simon je inače gledao svaku priliku da oponira Esadu zbog svojih ličnih predodžbi o tome kako bi se trebali ponašati kolonijalni subjekti imperije Velike Britanije, u šta se Esadov karakter nije nikako uklapao.

–"Nije ova dama neki putnik, već jedan od mojih dobrih prijatelja, kolega s posla", reče Esad gledajući upitno u Ristu, tražeći odobrenje od njega. Risto samo klimnu glavom, što je bio znak da ignorira Simona i nastavi put.

Cijelim putem Maca je čavrljala smijući se i opisujući koga je sve srela i šta se sve dešavalo oko nje. Bila je sretna da vidi kolegu s posla, koji još radi za UN i samim tim bi joj mogao pomoći. Stigli su do Predsjedništva RBiH. Risto i Simon su se udaljili, a Maca i Esad su nastavili trač o sebi i drugima.

–"Šta imaš u planu sada, hoćeš li ostati sa UN-om u službi?", upita Maca.

–"Hoću do kraja rata, a onda fino sjednem u avion i idem u London svojoj familiji. Kupit ću buket cvijeća, poklone za djecu i uzviknuti raširenih ruku: 'Hej, tata se vraća kući!'", reče Esad.

Maca spusti glavu, a krupne suze joj poletješe niz lice: „A moj Amir se nikada neće vratiti, ubiše ga četnici granatom."

Esad je pogleda, proguta pljuvačku i uzdahnu. Bilo mu je žao do neba. Nastao je tajac. Izvadio je iz novčanika 20 dolara što mu je ostalo od prošle plate i pružio joj.

–„Neću", reče Maca, „stid me je."

–"Ma uzmi, rat je, primiti pomoć u ratu nije sramota." Maca ga pogleda zahvalno i drhtavom rukom uze novčanicu.

–„Evo tebi ovo", reče Maca vadeći iz torbe papirnu vrećicu s makaronima, koje je uspjela negdje naći.

–„Ma hajde, Maco, nemoj me zezati, meni to ne treba, imam hranu u UN-u."

Razišli su se poslije toga. Pri izlasku iz auta još je jednom pogledala Esada i mahnula rukom. Slijed narednih događaja je uzrokovao da se više nisu vidjeli do kraja rata.

Chapter 15

PISMO IZ LONDONA

U martu 1993. Esad prima prvo pismo od porodice. Bilo im je drago što nije više na liniji fronta, imao je bolje šanse da preživi. Supruga Jasminka javlja da su Edvin i Ernest krenuli u školu i da su dobro. Vlada im je obezbijedila jednosoban stan i bili su zadovoljni.

Ernest je napisao da jedva čeka da ga vidi ponovo. Edvin je napiso: "Dragi ćale, ja sam te toliko poželio da nemaš pojma, a ne znam ni kada će ti ovo pismo doći i hoćeš li ga primiti." I na kraju rečenice na pismu se vidjela osušena kap suze. „U nekom su velikom problemu", pomisli Esad, inače Edvin ne bi pustio suzu dok piše.

Edvin, London 1996. Orleans Park School

I, zaista, dosta toga se dešavalo tokom prve godine izbjeglištva. Jasminka je počela raditi u obližnjoj kompaniji koja je proizvodila i prodavala sendviče. Nije htjela da ovisi od socijalne pomoći. Nije mogla raditi kao doktorica dok ne položi dodatni vrlo komplikovani test. Djeca jesu krenula u školu, ali nisu znala engleski jezik. I tu je počinjao pravi problem koji će kasnije jako eskalirati.

Mlađi sin Ernest je lahko učio engleski, a taj nedostatak je nadoknađivao izvrsnim umijećem u igranju fudbala, zbog čega su ga djeca poštovala. Edvin nije bio takve sreće. Sa trinaest godina učenje engleskog jezika je bilo sporije i teže. Nije bilo kompenzacije za taj nedostatak, sva djeca u tim godinama su manje-više okrutna prema drugima. Počeli su ga ismijavati, a on ponosan i inteligentan nije htio roditeljima reći ni riječi o tome. Gutao je svoju muku dok je mogao. Nije mogao naći prijatelje među običnom djecom iz iste škole. Našao ih je među "neobičnom" djecom sklonoj bježanju s nastave, raznim incidentima i konzumiranju droge. Kada se to na kraju otkrilo, bilo je prekasno.

U komšiluku, u istom naselju stanovala je i Mirsada, Bosanka koja je davno kao djevojka došla u Englesku, pošto se udala za Engleza Richarda. Imali su sina Garyja i kćerku Melisu. Gary i Edvin su bili istih godina i trebali su biti drugovi ili je to na početku tako izgledalo. Međutim, daleko je to bilo od bilo kakvog iskrenog prijateljstva. Gary je podmetao Edvinu razne gadosti pred drugom djecom, iživljavao se nad njim i tako izmanipuliranog ga gurao sve više i više u svijet ovisnika od kanabisa. Gary je često, čak i u tim godinama, išao u Holandiju, kupovao drogu i preprodavao drugima, uključujući i Edvina. Otac Esad je bio daleko, a majka sama u svijetu nije znala šta da radi. Vidjela je promjene na Edvinu, ali je Edvin uspješno sakrivao sve svoje muke i konzumiranje kanabisa da je sve skupa postajalo enigma. Ni Mirsada ni Richard nisu znali šta se dešava sa djecom, inače bi na vrijeme reagirali da dovedu stvari u red. Odvijala se drama daleko od očiju Esada. Samo je naslućivao da nešto nije uredu i da mora što prije nešto poduzeti.

Chapter 16

PUT U ZAGREB

U rano proljeće 1993. WHO kancelarija iz Sarajeva je naručila blindirano vozilo zbog stalnih dejstava Karadžićevih snajperista po gradu. Vožnja nezaštićenim Land Roverom nije bila sigurna. Esad je dobio zadatak da dovuče vozilo iz Zagreba do Metkovića, a od Metkovića do Sarajeva vozilo će prebaciti UNPROFOR. Usputna stanica je bila WHO kancelarija u Splitu, odakle se Esad trebao prebaciti avionom do Sarajeva nakon obavljenog zadatka.

Od Sarajeva do Splita Esad se prebacio američkim vojnim avionom "Hercules" a od Splita do Zagreba malim avionoma "Cesnom". „Cesnom" je vozio jedan mlađi pilot, a odmah do njega sjedio je kopilot. Esad je bio jedini putnik, što mu je imponovalo s jedne strane, dok je s druge strane ipak maštao o miru i situaciji kada mu ne treba ovakva pažnja. Na aerodromu u Zagrebu su ga dočekali pripadnici WHO-a iz Zagreba i prevezli u hotel.

Stigavši u hotel, Esad je još uvijek imao sigurnosni prsluk i UN akreditaciju, što je privuklo pažnju pripadnika hrvatske službe sigurnosti u hotelu. Jedan od njih je odmah prišao i pitao za ime, odakle je i, kada je saznao da je iz Sarajeva, počeo je s neuljudnim provokacijma na način da je i recepcionerki postalo neugodno pa je šibala pogledom Tuđmanovog agenta. Esad nije puno odgovarao, osim što im je pokazao akreditaciju UN-a i uputio ih na Boutros- Ghalija, generalnog sekretara UN-a, ako imaju dodatna pitanja. Na kraju im je sama recepcionerka rekla da puste čovjeka na miru, nakon čega je agent podvio rep i otišao. Nije htio da napravi skandal s pripadnikom UN-a.

U WHO kancelariji u Zagrebu čekalo se na dostavu blindiranog vozila, koji je napravljen negdje u skandinavskim zemljama. Kada je napokon stigao, Esad je prevezao vozilo do lokalne kompanije koja je inače farbala vozila u bijelo i stavljala velika slova UN sa strane i na krov. Vlasnik kompanije je bio jako ljubazan i susretljiv, ne samo zbog novca koji će dobiti za posao. Znao je šta se dešava u RBiH i bilo mu je žao. Rekao je na kraju: „Pozdravi mi Bosance i poruči im da je sve do jednog Hrvata uz njih."

–"Očito nije znao za podli dogovor Miloševića i Tuđmana, koji su sklopili još 1991. u Karađorđevu, po kome se RBiH trebala podijeliti između Srbije i Hrvatske, a autohtoni Bošnjaci 'pustiti niz Neretvu'."

Esad se preselio iz hotela u privatni stan bračnog para iz Zagreba. Bili su to Jelena i Ivica, a Jelena je prije agresije na RBIH stanovala u Sarajevu u istoj zgradi gdje i Jasminkini roditelji. Tako je i došlo do angažmana. Esad se u Zagrebu konačno mogao povezati telefonom sa suprugom Jasminkom, koja mu je i predložila da se preseli kod Jelene. Jelena je pretpostavljala šta se dešava u Bosni i Hercegovini, bila je jako ljubazna, dok je Ivica gledao samo vijesti obojene Tuđmanovom propagandom, pa je često verbalno ispoljavao neprijateljstvo. Laži novinara Smiljka Šagolja su bile do te mjere upakovane u kontekst mržnje da nije ni čudo da su neprijateljstva eskalirala i dovela do zločina nad civilnim stanovništvom. Inače, tih dana su brojni novinari uz mali broj časnih izuzetaka bili megafon fašističkih politika i idelogija i u velikoj mjeri su, kao takvi, indirektno postali saučesnici u mnogim zločinima.

Konačno, blindirano vozilo je bilo spremno i putovanje ka Bosni je moglo početi. WHO iz Zagreba je u vozilo stavilo i stotinjak čokolada, od kojih je pola nestalo na putu od Metkovića do Sarajeva. Risto i Simon su smatrali Esada odgovornim za to. Nisu mogli shvatiti da Hrvatima ni Esadu nije bilo do čokolada u Hrvatskoj i da su one mogle nestati samo u ratnoj zoni od Metkovića do Sarajeva, od momenta kada je UNPROFOR preuzeo vozilo. Na putu do Splita Esad je uz put vidio mnoge kolone hrvatske vojske. U to vrijeme, početkom 1993, Armija Republike BiH i hrvatska samorganizovana paravojska u Bosni i Hercegovini pod nazivom Hrvatsko vijeće odbrane (HVO) su već bili u sukobu. Oružani sukobi počeli su faktički nakon objelodanjivanja prvih "mirovnih planova" za podjelu Republike BiH, iako niti jedan od njih nije bio zvanično prihvaćen od strane Parlamentarne Skupštine RBiH.

Sukob u općini Prozor je počeo u oktobru 1992. godine. Prozor je bio strateška tačka preko koje se osiguravao vojni prodor ka srednjoj Bosni. U samom gradu Prozoru je živjelo oko 60% Bošnjaka. U proglasu o osnivanju paradržavne tvorevine Herceg-Bosne, u novembru 1991, općina Prozor je navedena kao njen dio. Tokom napada hrvatske paravojske (HVO-a) na grad, na policijsku stanicu izvješena je hrvatska zastava i naređeno da se svi naoružani Bošnjaci stave pod vojnu komandu HVO-a. To je bio početak sukoba regularne Armije Republike BiH i Tuđmanovih paravojski iz Hercegovine, čiji je krajnji cilj bio provođenje dogovora o rušenju države RBiH i stvaranje velike Hrvatske i velike Srbije na njenom tlu.

U Splitu, WHO kancelariju su držali Jane, mlada djevojka sa Islanda, i Peter, logističar iz Britanije. Tu je radilo i lokalno osoblje WHO-a, Mario i Ivica, momci u svojim tridesetim godi-nama. Mario i Ivica su ponudili Esadu akomodaciju u stanu koji su njih dvojica iznajmila. Nakon nekog vremena stigao je poziv da se blindirano vozilo prebaci u Metkoviće, što je i urađeno. Esad je čekao NATO avion „Herkules" u Splitu da se prebaci za Sarajevo.

Tokom boravka u Splitu Esad je kupio nešto hrane, konzervi i lijekova za svoju sestru Emiru i za Jasminkine roditelje. Moglo je stati u dvije torbe, koliko je i smio nositi sa sobom. Međutim, i sami članovi WHO-a Split imali su ili porodicu ili poznanike u Sarajevu i molili su Esada da im to dostavi kada dođe u Sarajevo. I tu je nastao problem koji će koštati Esada posla u WHO-u.

Esad i World Health Organisation tim iz Splita, Split 1993.

Pošto nije mogao ponijeti sve što mu je tražilo osoblje WHO-a iz Splita, Esad je nazvao Ristu i pitao ga može li te dodatne pakete hrane i lijekova transportirati istim avionom kojim bi došao u Sarajevo. Risto je kategorički odgovorio da ne može. Nije uopće bilo razloga za takvo „ne", jer su avioni UN-a stizali u Sarajevo poluprazni. Našao se između dvije vatre, WHO osoblje iz Splita traži dostavu − WHO Sarajevo ne dozvoljava. Esad im je poručio: „Dogovorite se međusobno, ako paketi stignu u Sarajevo, ja ću ih dostaviti na tražene adrese." Svaki je paket imao naljepnicu s imenom i adresom primaoca. Risto je opet bio kategoričan sa svojim „ne". Peter logističar je odlučio da ga ignorira te je zajedno s Marijom, Ivicom i nekoliko članova pomoćnog osoblja spakovao pošiljku oficijelno u ime WHO-a Split. O tome je obavijestio centralu u Zagrebu. Kako su dani u Splitu prolazili čekajući avion, mnogi Splićani su molili Esada da ponese sa sobom ili kutiju duhana ili novac ili kakav paket za njihove poznanike. Budući da sve to nije morao trpati u svoje torbe, Esad je prihvatio. I svoje dvije torbe pomoći Esad je pridružio paketima pomoći koju je pripremio WHO Split. Razmišljao je: "Ja sam ionako u ulozi vozača i prevodioca, lokalni član koji ne može donositi odluke o transportu paketa hrane avionom. Ako bude pitanja, to će biti na relaciji Risto-Peter, logističar iz Splita. Uostalom, prije mjesec dana logističar Edin je dovukao 5-6 vreća hrane sa sobom u istom avionu. Ako nisu pravili problem njemu, valjda neće ni meni."

Esad je stigao u Sarajevo avionom „Herkules" nakon para dana. Avion je bio poluprazan i kamioni hrane su se mogli dovesti u gladno Sarajevo, da je neko želio da je pošalje. Simon je odmah primijetio da je Esadova torba prazna i pitao je zašto. Esad ga je ignorirao, jer ionako, šta god da je rekao, bilo bi zloupotrebljeno.

Uskoro je stigla i pošiljka hrane iz Splita, uredno najavljena putem centrale iz Zagreba. Edin logističar je dovukao pošiljku sa aerodroma u zgradu Pošte gdje je bila smještena kancelarija WHO-a.

Risto je dobio informaciju iz Zagreba i pitao Esada je li to ta pošiljka o kojoj u pričali. Esad je potvrdo i rekao mu da za sve dodatne informacije pita kancelariju WHO Split, koja je uputila pošiljku. Simon je išao korak dalje optužujući Esada da je sve to on organizirao mimo naredbe WHO-a Sarajevo da se ni jedan paket ne smije donijeti.

Esad je naslutio šta će se desiti. Lokalno osoblje nije imalo apsolutno nikakva prava osim mizerne plate, koja je kasnila mjesecima, i hrane iz zajedničke kantine. Htio je ostati do kraja rata i pomagati rodbini i građanima koliko može, ali su se stvari odvijale u drugom pravcu.

Risto je imao drugi plan. Silna pečenja janjetine i rakije kojima je bio redovno čašćen tokom posjete Karadžićevim četnicima trebalo je nekako vratiti. „I, ovo je prilika", mislio je. Odlučio je da opljačka pošiljku koja je redovnim putem i s urednim papirima WHO-a Split stigla u Sarajevo i da je proslijedi Karadžićevim četnicima stacioniranim u Nedžarićima. Ta mala količina hrane i lijekova je mogla nekome u Sarajevu ili spasiti ili produžiti život. Risto nije imao nikakvu empatiju za njih, iza šljema UN-a progovorio je pokvarenjak, korumpirani kriminalac.

Pritisnuo je Esada neosnovanim optužbama, koji nisu imale nikakve logike, jer on kao vozač i prevodilac nije imao nikakav autoritet niti mogućnost da organizira i potpiše slanje takve pošiljke. To je samo mogao Peter, logističar iz Splita, koji je i sam imao prijatelja u Sarajevu i molio Esada da mu dostavi mali paket kada stigne tamo. Risto nije htio ni da ga kontaktira, jer bi mu Peter potvrdio Esadove navode. To bi mu pokvarilo plan da opljačka pošiljku.

Nakon teških riječi optužbe, Esad je rezignirano odmahnuo i otišao u svoju sobu. Stigao je poziv da se vrati, što je on odbio. Nakon toga, poručeno mu je da ide kući. Esad je sišao u kancelariju i konfrontirao Ristu.

−„Htio sam ostati do kraja rata ovdje da pomognem ovim ljudima koje uz blagonaklonost svijeta četnici ubijaju danonoćno", rekao je. „Ali, evo, izgleda ni to ne mogu."

−„Risto, ako želiš da ja odem kući, daj mi avionsku kartu do Splita i bit će ti želja ispunjena, ja ionako ovdje nemam više kuću, moja kuća je tamo gdje mi je sada porodica", reče Esad.

Risto je glumio da mu je žao i pristao je na prijedlog. Esad je ostavio Edinu bijelu kovertu s nešto novca upućenog iz Splita i Zagreba žrtvama četničke opsade i zamolio ga da ga podijeli na adrese navedene u koverti. Nije imao vremena ni da se pozdravi sa sestrom Emirom, jer je avion kretao rano ujutro. Krenuo je avionom za Split sa zebnjom: šta li će se desiti s ovim gradom i ljudima u njemu? Tu mu je ostala sestra, Jasminkini roditelji, njen brat, brojni prijatelji i šira rodbina. Hoće li uspjeti preživjeti opsadu?

Risto je ostvario svoj plan. Sve pakete hrane i lijekova, iako su imali adresu primaoca u Sarajevu, odnio je Karadžićevim četnicima u predgrađe Sarajeva, naselje zvano Nedžarići, odakle su četnici presjekli put ka sarajevskom naselju Dobrinja i držali Dobrinju u izolaciji od ostatka svijeta i centra grada. Sjetio se one kletve Sarajlija: „Ne dao Bog da te UN čuva i UNPROFOR hrani."

Iz Splita, Esad se javlja telefonom sa aerodroma Mariju i Ivici i objašnjava šta se desilo. Bili su zaprepašteni. Marijevi roditelji iz Sarajeva su ostali bez lijekova i paketa hrane. I oni su bili lokalni „UN staff" i nisu imali nikakva prava žalbe. Poželjeli su Esadu sretan put.

Esadovo napuštanje WHO-a je bilo u vidu ostavke, na čemu je Risto insistirao. Nije imao nijedan valjan razlog da mu da otkaz, jer su potpisi na pošiljci hrane bili validni i oficijelni, potpisani od strane WHO logističara iz Splita. Zato je Risto pokušao po Esadu da pošalje neko pismo Peteru gdje bi mu objasnio da je svu "krivicu" svalio na Esada i molio ga da to proguta i da dalje ne širi priču u Zagrebu. Bojao se da istina ne izađe na vidjelo. Esad je to pismo bacio, zgadila mu se cijela stvar, čekao ga je novi život s njegovom familijom.

Iz Splita je avionom došao do Minhena, odakle se javio sestri Bebi telefonom. Dogovorili su se da ga čekaju zajedno s Jasminkom, Edvinom i Ernestom na aerodromu Heathrow.

"Arrivals" prostor Heathrow aerodroma bio je ograđen metalnom ogradom. Uz ogradu su stajali sestra Beba, zet Ramon, Jasminka, Edvin i Ernest, čekajući taj dugo čekani trenutak ujedinjenja porodice. Uskoro je iz izlaza izašao Esad s buketom cvijeća u ruci. Jasminka i djeca su mu potrčali u zagrljaj. Još uvijek je imao na sebi sigurnosni vojni prsluk i WHO akreditaciju. Edvin i Ernest, problijedjeli od sreće i uzbuđenja, čvrsto su držali oca za ruku. Prvo pitanje koje mu je Jasminka postavila bilo je da li ostaje u Engleskoj. Nije ništa znala šta se dešavalo u Sarajevu, osim vijesti sa BBC-a. Esad se zamislio: ovdje mu je porodica i djeca koja ga itekako trebaju, a tamo domovina koju treba braniti. Nije znao odgovor, jer i da odluči da se vrati u Bosnu, trebalo bi dobiti odobrenje Hrvatske da prođe kroz Hrvatsku do Bosne, jer već tada Hrvatska je bila uveliko u ratu s Bosnom i Hercegovinom. Drugog prilaza Bosni nije bilo, jer je geografski bila okružena tadašnjom zajednicom Srbije i Crne Gore i Hrvatskom i svi su oni vršili agresiju na nezavisnu državu Bosnu i Hercegovinu.

S druge strane, Edvinova suza na pismu koje je primio par mjeseci ranije upućivala je na to da je porodica u velikom problemu i da je prosto obaveza da ostane s njima i pokuša stvari dovesti u red prije nego što i pomisli da se ponovo vrati.

Ipak, opcija da se vrati nakon posjete porodici je bila otvorena. Uskoro je pisao Ministarstvu unutarnjih poslova Hrvatske sa zahtjevom da mu odobre tranzit do Bosne. Odgovor je bio negativan, a time je i prilika da se vrati i nastavi borbu za odbranu Republike BiH bila zauvijek pokopana.

Chapter 17

SOUTH BANK UNIVERSITY

South Bank University se nalazi blizu Westiminister vladine zgrade i Buckingham palate u centralnom Londonu. Bakerloo podzemna željeznica povezuje to područje s ostatkom Londona i najbliža stanica podzemne željeznice je Elephant & Casle.

Esad se trgnuo iz polusna prije nego što je voz stao na stanicu. Bio je sve vrijeme utonut u misli o tome šta mu se dešavalo u Bosni dok je stigao do Londona. „Dobro je", mislio je, „ostao sam živ i čitav i ja i porodica, bar za sada." Uprava South Bank University, posebno profesor Richard, ponudili su mu da provede jedno vrijeme s njima i navikne se na normalan život. Imao je status gosta (visiting fellow) i mogao je koristiti kompjuter i ostalu opremu fakulteta. Tu mu je odobren i trening za programski jezik C++, na čemu im je bio jako zahvalan. Kompjuterska era je bila u snažnom zamahu i znanje ovog jezika bi mu moglo koristiti u nastavaku karijere. U to doba compiler za C++ je bio u praksi i na raspolaganju samo za Microsoft DOS operativni sistem. Kasnije je razvijen u mnogo komplikovanijoj verziji za Windows operativni sistem.

Taj dan je posjetio profesora Hrishi Bera, koji je upravo pripremao materijal za 16-u internacionalnu konferenciju o kompjuterima i industrijskom inženjeringu. Konferencija se trebala održati u japanskom gradu Ashikaga u martu 1994. i organizirana je kao skup vrhunskih stručnjaka iz svijeta iz te oblasti.

–„Kako stojiš sa C++?", pitao je profesor.

–„Mislim da sam u redu, završio sam trening i plus napisao svoj vlastiti tutorijal, kao podsjetnik", reče Esad.

–„Ja imam jednu inovaciju u vezi s planiranjem proizvodnih procesa, ali mi treba dokaz, a to možeš ti uraditi ako napišeš C++ program koji to dokazuje", reče profesor Bera.

–„Nema problema, pokušat ću", reče Esad.

Neko vrijeme je trajalo objašnjenje o sadržaju inovacije i zahtjevima za kompjuterski program. Esad se dao na posao. Nakon sedam dana program je bio gotov i sa zadovoljstvom ga je pokazao. Dogovorili su se da Esad napiše kompletnu prezentaciju za konferenciju, s ilustracijom i dokazom koji daje program, da je profesor prekontrolira i da je obojica potpišu. Prezentacija je imala naslov „Vrijeme čekanja operacija u serijskom proizvodnom procesu". Uskoro je i taj dokument bio završen i spreman za slanje. Profesor je bio prezadovoljan. Potapšao je Esada po ramenu.

–„Kad idemo?", upitao je Esad.

–„Kada idemo gdje?", reče profesor i podignu obrvu gledajući kao iznenađen.

–„U Japan", reče Esad.

–„Imaš li pare za put i hotel?", upita Bera.

–„Pa nemam, valjda univerzitet treba da organizira slanje autora vlastite prezentacije", reče Esad.

–„Nema ništa od toga, idemo jedan profesor i ja", reče profesor.

Razočaran, ipak, Esad je bio zahvalan univerzitetu što mu je dao mogućnost da uči programski jezik i adaptira se na okruženje, koje je inače imao u Bosni prije početka agresije.

Prezentacija South Bank Univerziteta je bila održana u Japanu 7-9 marta 1994, na jednoj veoma prestižnoj konferenciji o budućnosti informatičke tehnologije na svjetskom nivou. U indeksu knjige zbirnih radova (Procedings ICC&IE) bila su samo četiri imena iz Velike Britanije, a među njima i ime nedavno pristigle izbjeglice iz Bosne.

Još neko vrijeme Esad se zadržao na South Bank univerzitetu uz veliku pomoć profesora Richarda, koji mu je nesebično pomagao u svemu. S profesorom Berom objavio je još jedan rad u augustu iste godine u Kanadi. Bila je to 10-a internacionalna konferencija o CAD/CAM, robotici i fabrikama budućnosti.

U međuvremenu, u London je stigao i njegov brat Miralem sa suprugom iz Beograda. Bio je pretučen u Beogradu, jer nije pripadao srpskoj etničkoj zajednici i život mu je bio u opasnosti. Bila su to vremena Miloševićevog fašizma i bjesnila. Esad je jedno vrijeme zanemario svoj odlazak na South Bank University da bi pomogao bratu oko papira i registracije kod "Home Officce-a", kao i oko prevođenja njegovih radova sa njegovog treninga na engleski jezik. Pored toga, Esad je selio u drugi, sada dvosoban stan i to ga je okupiralo s raznim poslovima dekoracije stana.

Ipak, South Bank University nije zaboravio njegov doprinos. Profesor Ajmal mu je poslao prijedlog da konkuriše za dobijanje granta za doktorsku disertaciju. Iako je pismo poslano, on ga nikada nije dobio, negdje se zagubilo u toj svoj trci oko preseljenja iz jednog stana u drugi. Propala je jedna dobra prilika za nastavak karijere.

Chapter 18

HADSON & BRIDGES

Hounslow je veliki grad, dio zapadnog Londona, smješten relativno blizu Heathrow aerodroma. Veliki dio avionskih zračnih koridora ide baš preko Hounslowa, tako da je buka stalna u svako doba dana. Stanovnici Hounslowa su se na to navikli i skoro da to i ne primjećuju. Nedaleko od centra grada bio je omanji jednosoban stan gdje je Jasminka s djecom, po dolasku u London, dobila smještaj. Stan je bio mali, ali, ipak, bio je to krov nad glavom. Jasminka se mogla koncentrirati kako da opremi Edvina i Ernesta za školu i kako da zaradi za hranu i odjeću. U blizini je bila jedna manja porodična kompanija „Hadson&Bridges", koja je pravila i prodavala sendviče raznim školama, benzinskim pumpama i manjim prodavnicama hrane u okolini. Nije željela zavisiti samo od socijalne pomoći. Radila je tu u početku skraćeno radno vrijeme, nekoliko sati sedmično.

Edvin je išao u obližnju školu. Nekako je savladao engleski jezik. Obožavao je kompjuterske igre i da uči svirati na gitari. Edvin je pokušavao da održi obećanje koje je dao ocu da će kao stariji brat brinuti o porodici. Čak je i sam pokušavao pored škole da zaradi nešto novca raznoseći novine pretplatnicima po okolnim kućama. Uvijek je žalio što nije ostao u Sarajevu s ocem. Rado bi se pridružio ocu i Armji RBiH da može, ali je bio premlad za to. „Ako ne mogu tamo, mogu ovdje", mislio je. Još u oktobru 1993. pridružio se "Squadron air training corps", što je bila vrsta škole RAF-a za omladinu. Vremenom je prošao niz treninga, gdje je na kraju dostigao čin kaplara i uz to postigao samostalni let u jedrilici uz asistenciju trenera. Višak energije koji je uvijek imao trošio je da se zabavi, i sebe i ostale.

I, kad je imao svega 5 godina, zabavljao se tako što je plesao u restoranu gdje bi išao s roditeljima na odmor na more, smijao bi se mangupski roditeljima, a onda bi iznenada pobjegao, pa su ga svi morali tražiti po obližnjim ulicama. A, na plaži, i pored toga što još nije znao plivati, bacao se u nekom radosnom zanosu za ocem u duboku vodu pa ga je otac morao spašavati. Ni njegovi dedo Ahmet i nana Šefika, Esadovi roditelji, nisu bili pošteđeni njegove igre. Obožavao je da zadirkuje nanu dok klanja namaz. Dok je ona stajala na serdžadi, on je imao običaj da igra ispred nje i imitira njeno učenje. I dok je s osmijehom dobacivao nešto nerazgovjetno imitirajući nanu, ona je jadna podizala i spuštala glas dok uči početnu dovu, ne bi li ga smirila i opomenula.

Izgledalo je to nekako ovako:

"*Subhaneke Allahumme ve BI HAMDIKEEEEE, ve tebare kesmuke VE TEALAAAA!*" A on bi se i dalje smijao i plesao ispred nje, dok ga otac ili mati nisu odmakli.

Sa šest godina postajao je radoznao i već propitivao sve i svašta, a naročito svašta. Jednom je čitava porodica krenula da posjeti Jasminkine roditelje u njihovu vikendicu u Dobroše-vićima. Tih dana svako se trudio da ima vikendicu gdje bi uz prirodu provodio dane vikenda. Život u betonskim blokovima stambenih zgrada i nije bio baš interesantan. Esad je napunio rezervoar njegovog malog Fiata do vrha, svi su sjeli u auto i krenuli ka Dobroševićima. Dan je bio sunčan, idealan za razbrib-rigu u prirodi. S Edvinom nikada nije bilo dosadno, uvijek bi nešto pitao, zanovijetao, zabavljao i sebe i ostale oko njega. I tako u tom raspoloženju upita Esada:

–„Ćale, kako sam se ja rodio?" Esad pogleda u Jasminku i s kratkim osmijehom odgovori:

-„Donijela te roda i ubacila u odžak, a mi te izvadili iz odžaka, okupali i stavili u onaj krevetić."

–„Hi, hi, hi, misliš ti da ja ne znam", reče Edvin smijući se šeretski.

Esad podiže obrvu i reče: „Što pitaš kad znaš?" U tom momentu auto je naišlo pored dva psa koji su se parili. Edvinu nije trebala bolja scena da nastavi sa svojom „zabavom".

–„Ćale, šta ono cuke rade?", upita Edvin smijući se.

–„Pa, igraju se, maze se, što pitaš?", reče Esad.

–„Nije, nije, meni je Sanjin rekao, oni se prče", reče Edvin sa smješkom na licu.

–„Edvine, ne budi bezobrazan", umiješa se Jasminka dok je Esad odmahnuo glavom i nastavio voziti.

No, tu nije bio kraj „zabave", bar za Edvina, pravo se zabavljao. Uskoro je slijedilo slijedeće pitanje.

-„Ćale, kada ste ti i mama bili cura i momak, jeste li se prčili?", opet će Edvin.

Esad nabra čelo i povišenim glasom reče: „Edvine, stvarno si bezobrazan, tako se ne govori s odraslim osobama."

Edvin, koji je tada imao šest godina, nije baš razumijevao svari oko sebe, ali radoznalost mu nije davala mira, pogotovo kada se obraćao odraslima. Želio je naučiti što više, čak i u tom dobu ranog djetinjstva. Bilo kako bilo, ni punac ni punica, Jasminkini roditelji, nisu bili pošteđeni Edvinove radoznalosti. Kada su stigli na vikendicu, zatekli su Jasminkinog oca Isu kako priprema roštilj, a majka Hanifa uzima abdest za podnevni namaz. Bilo im je drago što su dobili goste, a obožavali su i Edvina i Ernesta. Dedo Iso je zagrlio Edvina i potapšao ga po leđima.

–„Dedo", poče Edvin s pitanjem i pogleda šeretski u Esada. Esad je osjetio šta se sprema i žurnim koracima pođe ka ulaznim vratima vikendice.

–„Kada ste ti i nana bili cura i momak, jeste li se prčili?", upita Edvin dedu s upitnim pogledom, koji je zahtijevao odgovor.

–„Pazi onog gdje pobježe", reče Jasminka, pokazujući na ulazna vrata vikendice dok je Esadova noga nestajala u ulazu.

Dedo Iso nije mogao sakriti osmijeh: „Ha, ha, ha, fino te otac naučio", reče i zagrli Edvina.

–„Ah, Edvine, izgubih abdest, ko te tome naučio?", reče Hanifa i krenu opet s abdestom ispočetka.

Dok su živjeli u Sarajevu, Edvin je bio itekako uvažavan među djecom. Prvo je nekoliko puta dolazio s modricama koje je dobijao od druge djece, koja su se željela dokazati na njemu. To je bio inače uobičajeni način odrastanja u Bosni, dokazivanje je moralo početi od malih nogu. A onda ga je otac naučio kako da se odbrani trenirajući ga boks. Od tada, roditelji druge djece su dolazili da se žale na Edvina i njegovo ponašanje. Kao momčić od 11 godina zaljubio se u djevojčicu Melihu i to do ušiju. Nijedno drugo dijete osim njega nije joj smjelo prići. Nažalost, tu idilu su zaustavile granate i snajperski meci Karadžićevih i Miloševićevih terorista.

Jasminka, Edvin i Esad, Sarajevo 1986, negdje na izletu

Ernest je učio i od roditelja i u školi i od starijeg brata. Volio je biti upoznat sa svime šta se dešava oko njega. Sasvim slučajno, na časovima fiskulture, otkrio je da je uspješan u igranju fudbala, zbog čega su ga vršnjaci cijenili. Ubrzo je postao član omladinske škole poznatog fudbalskog kluba „Millwall". Tu je redao medalje za medaljom tokom raznih turnira, dok se jedna cijela vitrina nije napunila raznim peharima i medaljama.

Esad je pokušavao dobiti posao u svojoj struci cijelo vrijeme. Čak je ovjerio diplomu na Thames Walley University. Ali, nije uspijevao dobiti čak ni intervju. „Možda moj engleski jezik nije dovoljno dobar", pomislio je. Uskoro je krenuo na trening da usavrši engleski jezik na obližnjem koledžu.

Prvi dan treninga bio je zanimljiv. Učiteljica je bila jedna fina Mađarica, a studenti su bili iz raznih krajeva Somalije, Eitiopije, Egipta i, pored Esada, jedan Srbijanac iz Valjeva Pero. Pero je odmah sjeo do Esada. Više je volio domaćeg „mudžahedina" od afričkih, bar je to tako Esad protumačio u sebi. Svi su se redom predstavili. Kada se Pero predstavio sa „Pero Bilić", dio Indijaca se počeo smijati. Valjda to prezime na njihovom jeziku znači nešto erotsko.

Nakon par čitanja lekcija iz knjige, došao je red na usmenu komunikaciju. Nastavnica postavlja pitanje ko će da objasni kako da pokrene auto kao vozač. Izbor je pao na Esada.

—„Pa, lijepo", reče Esad, „sjednem za volan i vozim."

—„Ah, ne, ne", reče učiteljica, „valjda prvo svežeš sigurnosni pojas."

—„Pa, dobro, uđem u auto, svežem pojas i onda vozim", reče Esad.

—„Ah, ne, ne, poslije toga provjeriš jesu li vrata dobro zatvorena", nasmiješi se Mađarica.

–„Pa, dobro, provjerim vrata, stavim sigurnosni pojas i vozim."

–„Ah, ne, ne", opet će Mađarica, „pogledaš u retrovizor prvo ima li koga iza tebe."

Esad pomalo iznerviran pogleda u Peru, a Pero se nagnu jaranski i onako mu kroz brkove tiho procijedi: „Šuti i trpi."

Tako je nekako izgledalo sve do kraja treninga, kada su dobili certifikat da sada znaju tečno govoriti engleski jezik. Uskoro je Esad stekao pravo da radi. Prošlo je šest mjeseci od njegovog dolaska u Britaniju. Jedna opcija je bila da prima socijalnu pomoć dok traži posao inženjera u svojoj struci, a druga da prihvati bilo kakav posao dok ne nađe pravi. Ni on nije želio socijalnu pomoć. „Mogu raditi, za početak nije bitno šta." Dvoje djece i supruga ga gledaju i očekuju podršku. Od zaostalih plata iz WHO-a, koje je tek primio, kupio je polovni kompjuter i dio para poslao sestri Emiri u Sarajevo, preko rođaka Nedima koji je bio još uvijek u Sarajevu, radeći za UNICEF. Zajedno sa sestrom Bebom i bratom Miralemom razmatrali su plan kako da izvuku sestru iz opsjednutog Sarajeva. Glavni problem je bio da niko nije mogao izaći niti iz Sarajeva niti iz Bosne zbog opsade i agresije dviju susjednih država, koje su kontrolirale sve državne granice Bosne.

Esad se odlučio da prihvati posao vozača u kompaniji „Hadson&Bridges Co". Posao je uključivao raznošenje sendviča do raznih mušterija kompanije od škola do benzinskih pumpi i malih lokalnih radnji. Pravilo je bilo jednostavno: morao si biti pošten i lojalan kompaniji, odnosno njenom vlasniku Marku. Mark je bio visok čovjek, snažne građe i nadasve odvažna osoba. Vodio je svoj biznis i ujedno studirao da postane "probation officer", što je neka vrsta socijalnog rada s raznim nasilnim osobama u sudu, u društvu i zatvorima s ciljem da se društvo učini sigurnijim. Imponovala mu je privrženost kompaniji i Jasminke i Esada. Jasminka nije imala unutrašnju snagu da se vrati medicini i da položi neophodne testove u Britaniji, kao preduslov. Bila je suviše razočarana u ljude zbog napada na njenu domovinu i rodni grad gdje je ostavila roditelje, brata i brojnu rodbinu. Dok oni pate i strepe za svoj život, ja ne mogu liječiti druge ljude. Ubrzo je napredovala do pozicije menadžera proizvodnje u kompaniji.

Kompanija je imala rani personalni kompjuter i štampač, koji su se koristili da se štampaju otpremnice i fakture. Obrada podatak je rađena putem skromnog kompjuterskog programa, pisanog u programskom jeziku "Cobol" i bila je veoma spora. Trebalo je čekati više od sat vremena od unosa podatka do štampanja otpremnica, što je usporavalo cijeli proces dostave. Esad je tek završio trening u C++ jeziku i vidio je priliku da svoje znanje u programiranju iskoristi za nešto praktično. Ponudio je Marku da napiše novi program za obradu otpremnica i faktura. Bilo je to vrijeme kada još nije bio razvijen Microsoft Windows, niti je bilo gotovih komercijalnih programa za te vrste obradu. Bilo je na tržištu veoma skupih programa koje su razvijeni kao baze podataka, poput "Oracle", što nije bilo dostupno malim porodičnim kompanijama. Esad je prionuo na posao. U nedostatku gotove baze podataka, koja bi čuvala podatke, on se odlučio da kreira procese koje će automatski generirati podatke, korištene za obradu na određeni datum. Pristup takvim izvorima podataka je bio kodirani datum, koji bi automatski kopirao unesene podatke za taj datum.

Program je bio završen za dvije sedmice. Nakon unosa podataka, otpremnice i fakture su bile štampane automatski, bez čekanja, tako da je čitav posao štampanja otpremnica skraćen sa jednog sata na nekoliko minuta. Mark je bio oduševljen.

Dogovorili su se da Esad iznajmljuje program kompaniji po cijeni od 10 funti sedmično. To je bila simbolična suma, ali, za Esada, prvi C++ komercijalni program je značio referencu za buduće poslove, bar je tako mislio. Nažalost, ubrzo je stigao Microsoft Windows s vrlo složenim tehnikama Windows programiranja što su mogle raditi samo softverske kompanije, a ne pojedini programeri. Tako karijera programera nije više bila opcija za Esada, morao je tražiti nešto drugo.

Posao vozača u „Hadson&Bridges"-u bio je iscrpljujući, malo plaćen i nije vodio nikuda. Esad ga je ubrzo napustio i probao razne druge vrste poslova od "minicab" vozača, do asistenta ili menadžera u raznim prodavnicama. Jedan od tih poslova je bio i posao menadžera smjene u romantičnoj prodavnici zvanoj „Seven-Eleven", koja je radila 24 sta dnevno. No, vrlo brzo je uvidio da ni to nije za njega. Morao se vratiti vlastitoj struci, što je bilo jako teško postići, s obzirom na nepovjerenje poslodavaca i firmi koje su asistirale u zapošljavanju. Dovoljna je bila mala greška u CV-u ili greška u izgovoru tokom intervjua da bude prekrižen. Posao inženjera u Engleskoj je zahtijevao izvrsno poznavanje engleskog jezika i izvrsno umijeće u komunikaciji, jer su se tako dobijali poslovi na tržištu. Esad se odlučio za indirektnu strategiju. „Ući ću u neku veću kompaniju kao operater na mašini i onda pokušati s internim oglasom za posao", mislio je.

Chapter 19

KOMPANIJA „AMTL"

Nakon skoro pet godina lutanja s raznim poslovima od vozača, programera, prodavača i menadžera u raznim prodavncama, konačno se ukazala prilika Esadu da uđe u kompaniju „AMTL" (Automotive Motion Technology Limited), koja se bavila proizvodnjom električnih motora. Bila je to relativno mala, nova komapnija koja je počinjala proizvodnju električnih motora, koji su bili korišteni kao asistencija upravljačkom mehanizmu automobila. Esad je izbacio iz CV-a podatak da ima diplomu inženjera i naveo samo diplomu tehničke škole nastojeći dobiti posao operatera za mašinom. Manevar je uspio i uskoro se našao na treningu za upravljanje i rukovanje pojedinim mašinama za montažu električnih motora.

Kompanija je brojala oko stotinu zaposlenih, pripadnika svih etničkih zajednica, od Indijaca, Pakistanaca, Engleza, Škota, Poljaka i jednog Bosanca. Slučaj je htio da su zaposleni bili stvarno izabrani s veoma civiliziranim i intelegentnim manirima, od menadžmenta do operatera. Odjeljenje za upravljanje ljudskim resursima, koje je vodila Poljakinja Tereza, obavilo je odličan posao. Bilo je zadovoljstvo raditi u toj kompaniji, pogotovo zbog druženja koje bilo stalno prisutno, obično u obližnjem pubu, što je jedna vrsta javnih restorana gdje se uglavnom serviralo piće i nešto malo brze hrane. Povremeno su organizirane i večere u indijskim restoranima i fudbalske igre u obližnjim parkovima. Kao odgovor zaposlenih na fer odnos prema njima, zaposleni nisu štedili sebe, radili su marljivo i pošteno cijelo radno vrijeme. Kao start-up kompanija koja je počela biznis s ukalkuliranim početnim gubitkom, polako, taj se gubitak sve više smanjivao. Direktor kompanije Bob Smith i menadžer operacija Tim Baycroft često su objašnjavili zašto kompanija bilježi ispjeh za uspjehom. Govorili su: „Mi vjerujemo u zaposlene, a oni vjeruju u nas." Tako je bilo u stvarnosti. Esad se sjetio radničkog samoupravljanja dok je radio u sarajevskim firmama „Famos" i „Energoinvest". „Ovo je slično tome", pomislio je, „samo što kompanijom ne upravljaju radnici, već profesionalni menadžeri, što je na neki način i prednost."

Nakon izvjesnog vremena pojavio se i interni oglas gdje se tražio procesni inženjer. Esad nije dugo čekao, odmah se prijavio. Na prvom intervjuu je objasnio zašto nije naveo da zapravo ima univerzitetsku diplomu. Rekao je istinu, u svim prijašnjim pokušajima nije mogao dobiti ni intervju. Zahtjevi i očekivanja za posao inženjera su bili jako visoki, od poznavanja engleskih standarda do umijeća u komunikaciji sa strankama od kolega do dobavljača i mušterija. Srećom, priroda posla za koji se prijavio je bila takva da se samo tražila tehnička ekspertiza unutar automatiziranih proizvodnih linija.

Tokom intervjua pokazao je stručne radove koje je objavio na internacionalnim simpozijima i kompjuterske programe koje je radio. Uspio je ih je upoznati s tim da poznaje gotove sve zakone iz domena prirodnih nauka, da poznaje tehničke discipline poput dinamike, kinematike, termodinamike, fizike i mnogih drugih tehničkih disciplina. Po dolasku u Britaniju uspio je da verificira svoju diplomu na Thames Valley University, gdje mu je diploma rangirana u nivou BSc (Bachelor of Science

Honours). Sve to je bilo dovoljno da mu daju drugi intervju, ovaj put s jednim od vlasnika kompanije.

Vlasnik kompanije, sredovječni biznismen Jeffrey, upitno ga je gledao od početka intervjua. Pitao ga je koji je najbolji način da riješi neki problem.

–„Analiza, dijagnoza, akcija", odgovori Esad.

–„A prevencija?", upita Jeffrey.

–„I to je korisno, ali najčešće nije predvidivo", reče Esad, misleći na situciju u zemlji iz koje dolazi.

–„Šta misliš o Velikoj Britaniji?", upita Jeffrey.

–„Ne mislim ništa posebno, država Evrope kao svaka druga, sretan sam da uvijek mogu naći posao, makar bio i izvan moje profesije. Zahvalan sam Velikoj Britaniji što je prihvatila moju porodicu kao izbjeglice, kada je bilo najpotrebnije", reče Esad.

Izgleda da je Jeffry bio zadovoljan odgovorima.

–„U redu, imaš posao, čestitam, nadam se da ćeš opravdati povjerenje", reče Jeffrey gledajući Esada ispod naočara.

–„Hvala, Sir, sada se osjećam kao da sam ponovo rođen"; reče Esad ustajući sa stolice.

Rukovali su se. Esad je shvatio da kreće u novu fazu dokazivanja, preživljavanja, novu bitku za opstanak porodice. Još uvijek nije dobio državljanstvo, ni on ni članovi porodice i deportacija u Bosnu je još uvijek bila opcija.

Kompanija je dobila tim tehničara i proces inženjera iz snova. Radili su skupa u dvije smjene Peter, Liam, Noeline, Amrik, Martin, Mark, Esad i mnogi drugi. Kompanija je postepeno počinjala ostvarivati profit umjesto gubitaka, a takav uspjeh nije ostao nezapažen na tržištu automotivne industrije.

Uskoro je kompaniju „AMTL" preuzela multinacionalna kompanija „DANA Corporation" iz Amerike. Kritičan momenat u poslovanju kompanije su bili stalni prekidi proizvodnje na montažnoj traci zbog kvara pojedinih mašina. Jedan od na-jčešćih kvarova bila je mašina na kraju procesa montaže mo-tora, koja je nosila ime "Finalni test" i koja se kvarila jednom sedmično. Mašina je bila u Esadovom domenu odgovornosti i morao je nešto poduzeti. Stalni pozivi proizvođaču same mašine nisu uradili plodom. Moralo se nešto poduzeti bez njih.

Nakon analize problema, Esad je predložio dva rješenja i dizajnirao komponente koje je trebalo ugraditi da bi eliminirao česte kvarove mašine. Proizvođač mašine je poručio: „Uradite to, modificirajte je i mi ćemo na kraju dati svoje mišljenje." Esad je odgovorio: „Ne trebaju nam generali poslije bitke, ako imaju šta ponuditi kao rješenje, neka to urade sada." Prihvaćen je i realiziran takozvani "plan B". Bio je to uspjeh, kvar na istoj mašini se nije pojavio ponovo narednih godina. Slična un-apređenja su uslijedila i na drugim mašinama od strane drugih inženjera. Kompanija je doživjela pravi uspjeh i zavidan profit.

Nažalost, konkurencija na tržištu je bila neumoljiva. Glavni kupac „AMTL" motora je otvorio svoju fabriku istih motora i zatvorio pogone „AMTL"-a. Preko stotinu radnika je izgubilo posao preko noći. „Valjda je to taj kapitalizam", pomisli Esad. Ovdje nema samoupravljanja ni protesta te vrste. Svi zaposleni, uključujući i menadžment, dobili su otpremnine i poslani kući. Nije bilo protesta i prinudne uprave, jednostavno su se svi prijavili u biro za zapošljavanje i većina ih je dobila novi posao u roku, dok im je finansijski trajala otpremnina.

Ipak, Esad je uspio dobiti posao u konstrukcionom birou iste kompanije, koja je, kao odjeljenje za razvoj motora, uspjela preživjeti. Život ide dalje, izgubljena bitka ne znači kraj, postoji bezbroj prilika u uređenoj zemlji poput Britanije. Pomislio je: „Na kraju krajeva, ako sve propadne, mogu uvijek postati vozač londonskih autobusa.“

Chapter 20

NOVA KUĆA, NOVI DOM

Činilo se da se život polako vraća u normalne tokove. Jasminka i Esad su radili, a djeca išla u školu. Moglo se nešto novca ostaviti i na stranu, za godišnji odmor i neko auto. Novac koji su pokušavali više puta poslati rodbini u Sarajevo uglavnom je pokraden. Jednom su poslali nekoj humanitarnoj organizaciji u Njemačkoj, koja je navodno mogla dostaviti pomoć direktno ljudima, ali se ispostavilo da se radilo o organiziranom kriminalu. Novac nikada nije stigao. Drugi puta su dali novac u ruke čovjeku iz Zagreba po imenu Ratko Bubalo, koji je obećao proslijediti novac rodbini svojim kanalima. Novac nikada nije stigao, a objašnjenje je bilo da je gospodin Bubalo imao neke neraščišćene dugove s Esadovim rođacima. Sarajlije su, od dijela vanjskog svijeta, smatrane životinjama u zoološkom vrtu i predmetom za zabavu i izivljavanje. Gledao se reality show na TV-ekranima i malo koga je zabrinjavalo ubijanje ljudi, koji su stajali u redovima za vodu ili redovima za hljeb. Čast pojedinim izuzecima koji su stvarno slali pomoć, lijekove i izvještavali svijet šta se događa u opsjednutom gradu, nekada domaćinu Zimskih olimpijskih igara. Za razliku od nasmijanog i vedrog svijeta koji je 1984. godine dolazio na olimpijske igre, sada tamo stiže bradati polusvijet, zaražen mržnjom, ignorancijom, zlom i mitskim budalaštinama. Čak su Karadžićevim teroristima u pomoć stizali dobrovoljci iz Rusije, Francuske i Grčke da ubijaju ljude u opkoljenom gradu, čija je jedina krivica bila to što se drugačije zovu i što ne pristaju da postanu okupirani nekom velikom Srbijom.

Stan u kome su živjeli u naselju Twickenham je bio na drugom spratu zgrade i pripadao je lokalnoj općini. Kako su Edvin i Ernest rasli, tako je rasla i igra, muzika i zabava u stanu. Susjedi u zgradi su to uglavnom tolerirali, osim jedne frustrirane gospođe, koja je živjela direktno u stanu ispod njihovog. Svaki šum, svaki korak, svaka muzika je kod nje izazivala bijes, pa se žalila, što Jasminki i Esadu, što općini. Jednom je bilo neko nevrijeme, kiša i jak vjetar i to je dotična osoba pripisala njima kao uznemiravanje. Bilo je vrijeme da odu odatle, jer je situacija postajala nepodnošljiva. Nekako su sakupili novac za depozit za kredit, uz pomoć granta općine i kupili dvosobnu kuću u naselju zvanom Hampton. Mislili su da konačno imaju mir u kući, ne znajući šta ih čeka.

Tehnološka revolucija je polako osvajala svijet. Pojavio se internet, pojavila se satelitska televizija, svijet je nekako postajao bliži, a komunikacija među raseljenim stanovnicima Bosne i Hercegovine bila je jednostavnija. Rodbina, prijatelji i poznanici počeli su komunicirati češće, a počela su se stvarati i nova prijateljstva. Esad je to iskoristio na način da kreira internet stranicu pod nazivom „republikabih.net", koristeći Microsft "Front Page" paket. Svrha je bila povezati sve prijatelje Bosne i Hercegovine i širiti vijesti šta se tamo dešava. Internet stranica je imala i forum, gdje se polako počela okupljati dijaspora i ljudi iz domovine. Esad je bio administrator stranice i foruma i morao je provoditi značajan dio vremena da održava i jedno i drugo. Novi članovi foruma su postajali i stariji i mlađi, i momci i djevojke, razmjenjujući razne teme, od političkih, poslovnih, sportskih i životnih. Komunikacija sa članovima se često pretvarala u neobavezno ćaskanje o svemu i svačemu, najčešće o političkim, životnim pa čak ljubavnim problemima.

Jasminka se počela žaliti na Esadov angažman, koji nije donosio nikakvu materijalnu korist, već samo troškove. Često se, s dozom humora, žalila sestri Nermini, koja je s porodicom živjela u Holandiji.

–„Halo, Nerma, kako si?", pitala je Jasminka preko telefona.

–„Nema ništa naročito", čulo se s druge strane.

–„Kako ti je Duško?"

–„Ma onako, eno ga propo'", reče Nerma.

–„Kako propo'?"

–„U fotelju."

–„Aha", reče Jasminka.

–„Ma ja, ko dijete na tuti, niti tiče niti miče", požali se Nerma.

–„Eh moja ti, nije to ništa, moj ti je Čičak (Esadov nadimak) već stigao do puberteta, eno ga ćaska sa šiparicama na internetu", reče Jasminka sa smijehom.

Uglavnom, život je postajao podnošljiviji, jer se narod mogao bolje povezati i razmijeniti informacije, mada je agresija Srbije i Hrvatske na Republiku Bosnu i Hercegovinu i dalje trajala, a broj žrtava rastao. Pojavili su se i prvi snimci koncentracionih logora smrti, koje su držali Karadžićevi teroristi u Omarskoj,

Trnopolju, Manjači i drugim mjestima. Svijet je bio užasnut, jer je nakon Auschwitza i Dahua svijet po prvi puta na malim ekranima vidio gotovo pa kosture poluživih zatvorenika. Simpatije koje je kršćanska Evropa do tada imala prema Karadžićevim teroristima polako su počele da blijede.

Zvjerstva koja su činili sve su manje ličila na krstaški rat koji su propagirali „braneći Evropu", a sve više na monstruozni nacizam i fašizam, sa čime se jednom Evropa obračunala. Istina o agresiji, okupaciji Srbije i Hrvatske i genocidu koji se dešavao nad autohtonim Bošnjacima Bosne je polako izlazila na vidjelo, a Miloševićeve laži o navodnoj ugroženosti srpske manjine sve više su blijedjele.

Jasminka i Esad su ionako, još dok su živjeli u Sarajevu, imali plan da se isele u Australiju. Zato su djeci i dali imena tipična za zapad, ali i Australiju. Edvinu su dali ime po Edwinu Aldrinu, jednom od prvih astronauta koji su kročili nogom na mjesec. Ernestu su dali ime po poznatom piscu Ernestu Hemingwayu. Kasnije se Edvin često žalio na izbor imena, bilo bi mu mnogo draže da su mu dali neko tipično bošnjačko ime, kao Emir. Žalio se i drugovima, koji su ga zadirkivali zbog toga, govoreći im: „Jebote, ja sam još dobro i prošao, mom bratu su dali ime Ernest."

Djeca su učila engleski jezik i pomalo zaboravljala bosanski. I to što su pričali na bosanskom bio je neki prevod s engleskog na bosanski. U tome se naročito gubio Ernest, koji je tek sa 8 godina došao u Britaniju.

–„Ćale, sa mnom na treningu ima tamo jedan Talijanac", počeo bi Ernest razgovor.

–„Nije Talijanac, nego Italijan", ispravi ga Esad.

–„Ćale, nemoj me praviti smijati", reče Ernest opet pomalo ljut.

–„Eto ga opet", reče Esad, „nije praviti smijati, nego nasmijavati."

–„Kod tih tvojih Engleza se sve nešto pravi, te pravi ljubav, te pravi nasmijavati... Imate li vi na engleskom ikakve padeže?"

–„Ćale, ovdje se stvari nauče onako kako ljudi govore hiljadu godina, nema potrebe za padežima", reče Ernest.

I tako su Sarajlije postajali Sarajevci, Italijani Talijanci, a tata je postao Ćale. Ernest je nizao uspjeh za uspjehom i u školi i u podmlatku fudbalskog kluba „Millwall". Edvin je upisao koledž u Kingstonu i trenirao karate. U karateu je napredovao sve više i više i dostigao status instruktora u obližnjem karate-klubu. Ali, adikicija prema kanabisu počela je uzimati maha. O tome niko nije ništa znao osim njega i njegovih drugova, koji su mu i prodavali drogu. Polako, ali sigurno, počeo je imati halucinacije i paranoju. Najednom, po njemu, proganjao bi ga neki Šveđanin, pa neki Nijemac sa koledža. Pojavljivao mu se i „pijesak u glavi", kako se žalio. Počeo se žaliti da mu Esad „oduzima energiju", ma šta to značilo. Zamišljao je boga vode pa boga zraka oko sebe. Stvari su se otimale kontroli, a Esad i Jasminka su zbunjeno gledali, ne znajući šta se dešava. Prebacivali su sve to na sazrijevanje, pubertet i hormone.

U julu 1995. agresija na Republiku BIH je uzimala zamah u istočnoj Bosni. Tokom prva tri mjeseca rata, od aprila do juna 1992, snage Karadžićevih paravojski, uz podršku Miloševićeve JNA, uništile su oko 300 pretežno bošnjačkih sela u regionu oko Srebrenice, nasilno protjerale na desetine hiljada Bošnjaka iz njihovih domova i sistematski masakrirale na hiljade Bošnjaka, uključujući mnoge žene, djecu i starije osobe.

Vijeće sigurnosti Ujedinjenih nacija je još u aprilu 1993. donijelo Rezoluciju 819, koja je zahtijevala da se „sve strane i drugi u pitanju, odnose prema Srebrenici i njenoj okolini kao prema sigurnoj zoni koja bi trebala biti oslobođena bilo kakvog oružanog napada ili bilo kojeg drugog neprijateljskog čina". Međutim, ta rezolucija za Karadžića nije značila ništa. Srpska ofanziva na Srebrenicu započela je ozbiljno početkom jula 1995. godine, s oko 2.000 vojnika i teškim naoružanjem, tenkovima i oklopnim vozilima. Prethodno je UN sigurnosna zona Srebrenice bila demilitarizirana, ostavljajući branitelje praktično bez oružja ili vrlo malo sakrivenog lakog naoružanja. Okupacija Srebrenice je bila lak plijen za Karadžićeve teroriste. Na hiljade bosanskih zarobljenika i civila zarobljenih nakon preuzimanja vlasti u Srebrenici je pogubljeno. Neke su pojedinačno ili u malim grupama ubili vojnici koji su ih zarobili, a neke su ubili na mjestima gdje su bili privremeno zatočeni. Većina je, međutim, ubijena u pažljivo organiziranim masovnim pogubljenjima i transportirana u masovne grobnice. Po svim definicijama rata, to je bio klasičan genocid.

Ta brutalnost je direktno utjecala na to da se NATO pokrene i otpočne operaciju „Deliberate force". Bila je to kontinuirana zračna kampanja koju je sprovodio NATO, u saradnji s kopnenim operacijama Zaštitnih snaga Ujedinjenih nacija (UNPROFOR). Vijesti o tim događajima bile su redovno emitirane na mnogim javnim medijima i televizijskim stanicama. Jasminka i Esad pomno su pratili vijesti s dozom nade da će se pakao u Bosni konačno zaustaviti.

Edvin je upisao koledž u Kingstonu i nastavio trenirati karate. I dalje je imao čudne misli pomiješane s dozom paranoje.

Stalno ga je neko proganjao u mislima. Niko u porodici nije znao da redovno uzima kanabis, koji je pravio haos u njegovoj glavi. Na kraju je napustio koledž i povukao se u sebe. Esad ga je htio izvaditi iz krize. Insistirao je da ili nastavi sa školom ili da nađe posao, misleći da će ga bilo kakav angažman odvesti od letargije u koju je sve više i više zapadao. Zbog tog insistiranja, nastao je prvo jaz između njih dvojice. Edvinu je otac, njegov Ćale, postajao neko ko mu ide na živce, ko mu „oduzima energiju", neko ko mu je smetao u njegovom svijetu. Animozitet je rastao i rastao da bi u jednom momentu i eskalirao u mržnju.

Sklad u ponašanju Edvina s njegovim drugovima je postajao narušen. Nije bio isti, pričao je razne paranoidne priče pa su ga drugovi počeli zadirkivati. Mislili su da će ga dovesti pameti ako ga malo protresu zezanjem. Pošto je bio musliman po rođenju, zezali su ga govoreći mu da je on Antikrist. Bile su tu i razne šale i na njegov račun i na račun ostalih, jer ni Edvin nije njih štedio.

Jednom, dok su sjedili u jednom restoranu u Kingstonu, zadirkivanje je išlo do te mjere da im je Edvin rekao: „E, dobro, ko od vas smije preplivati Temzu ovdje ispod mosta?" Svi su se smijali, jer je Temza na tom mjestu duboka i hladna i nikome nije padalo na pamet tako nešto. Da bi im dokazao da je bolji od njih, Edvin je sišao na obalu rijeke, preplivao je bez po muke i vratio se preko mosta nazad. Pljeskali su mu. Sreća pa je bilo ljeto pa se odjeća na njemu brzo osušila. Taj dan je bio junak za njih, ali samo taj dan, jer se njegovo zdravlje rapidno pogoršavalo.

Kada je stigla zima, na Božić, održavala se misa u Vatikanu, koja se mogla gledati na TV-u s prenosom svečanosti uživo na Trgu sv. Petra. Edvin se namjestio u sofu i gledao misu. Upijao je svaku riječ koju je Papa izgovarao. Trg sv. Petra, pun ljudi, vjernika, imponovao mu je. Njegov svijet i ceremonija na trgu su imali neke dodirne tačke. Na drugom TV-kanalu su počinjale vijesti, a među njima i vijesti o ratu u Bosni. Esad je htio da pogleda vijesti, ali mu Edvin nije dao, žestoko se protivio. U to se Jasminka umiješala i zamolila Esada da je odvede u firmu da prekontrolira dostavljenu hranu u skladištu. Otišli su skupa, obavili posao i vratili se. Esad je pomislio: „Možda ću sada moći gledati vijesti.“ Misa Pape je bila pri kraju. Edvin je skočio i stao pored televizora vičući: „Niko na svijetu me neće razdvojiti od Boga.“ Ipak, Esad je promijenio kanal, a Edvin ga je u tom mometu, potpuno bijesan, udario šakom iznenada u lice i pri tome mu slomio jedan zub.

−„Izlazi napolje!“, uzviknuo je Esad i istjerao ga vani. Kasnije, kada je saznao da je bolest uzrokovana drogom već bila uzela maha, Esad je shvatio da to nije smio uraditi i pored tuče, ali bilo je kasno. Nikada sebi nije oprostio, ali se stvari više nisu mogle popraviti.

Ipak, ni Jasminka ni Esad nisu htjeli da ga ostave na ulici. Našli su mu smještaj u blizini i slali novac za hranu. To je trajalo jedno vrijeme. Edvin se počeo predozirati drogom dan i noć. Gubio se sve više i više. Jedno jutro porodica je vidjela da su stolice u vrtu kuće bile ispremještane. Kasnije, Edvin im je rekao da je dolazio tu noć da ih gleda iz vrta kroz prozor. Htio je biti s njima, ali nije mogao ući. Istina da se drogira je ubrzo izašla na vidjelo. Njegov navodni drug Gary redovno mu je prodavao drogu, a on se sve više i više gubio.

Jedan dan Jasminka se vratila iz posjete Edvinu sva potrešena. Edvin se bio izobličio od droge, prijetio je Esadu, moralo se nešto radikalno poduzeti. Esad je otišao sam do stana gdje je Edvin stanovao. Zvao je Edvina da izađe i nakon nekog vremena Edvin se pojavio na vratima. Imao je izobličeno lice, pogled izgubljen i bio je sav napet. Esad mu je pokušao reći da se vrati kući, molio ga da se vrati, da mu je sve oprošteno. Edvin se samo okrenuo i vratio u stan. Bio je to trenutak beznađa, situacija koju Esad i Jasminka nisu mogli riješiti, a nema pomoći niotkuda.

Chapter 21

DOŽIVOTNA KAZNA

Edvin je napustio iznajmljeni stan i preselio se na kratko kod Garyja. Ubrzo zatim pristao je da se vrati kući. Izgledalo je da je konzumacija kanabisa ili prestala ili smanjena. Polako, Edvinov izraz lica se normalizirao, iako su paranodine misli ostale. Nastavio je trenirati karate i uz to preuzeo ulogu i pomoćnika instruktora karatea. Jasminka ga je molila da nastavi s koledžom, ali nije mogao. Možda je htio, ali nije bio u stanju da se nosi s umišljenim osjećajem progona od nekih đaka na koledžu. Mislio je da je to što mu se dešava nekakva magija, bilo nekoga iz bliže rodbine, bilo Esadova, bilo Jasminkina. Jednom je zamolio Esada: „Ćale, ima li načina da mi oprostiš to što sam te udario, ovo što mi radiš nije fer?"

–„Pa, sine, sve ti je oprošteno, ali, ja ti ništa ne radim, reci mi kako da ti pomognem", rekao je Esad.

–„Oduzimaš mi energiju", reče Edvin.

Animozitet prema Esadu je ostao i čak i rastao. Ipak, uspio je naći posao noćnog čuvara u kompaniji koja je naveliko prodavala benzin i druga goriva. Esad ga je vozio na posao svakog jutra i poslije išao na svoj posao. To je trajalo neko vrijeme, ali stanje bolesti se pogoršavalo. Svi u kući su sumnjali da i dalje uzima kanabis kako bi ostao u nekom svom svijetu. Jedno veče Jasminka je došla s posla ljuta. Neko je na poslu nasikirao do mjere da je negodovala glasno čak i kod kuće.

Edvin je bio potišten. Zatvorio se u kuhinju i pokušavao da popravi polomljenu videokasetu. Nije mu išlo za rukom i bio je napet. Onda je izašao iz kuhinje dubuko dišući, a zatim otišao u svoju sobu. Duboko je disao i tamo, imao je neki psihički napad i nije znao šta se dešava. Sišao je opet u dnevni boravak duboko dišući. Žalio se: „Mama, ne znam šta mi je, osjećam se užasno." Jasminka je istog momenta pozvala doktora, kućnu posjetu, i objasnila preko telefona šta se dešava. Doktor, neuropsiholog, ubrzo je stigao.

Doktor je pregledao Edvina, ispitujući ga o simptomima, ponašanju i tome šta osjeća. Nakon pregleda pozvao je Jasminku, Esada i Ernesta za sto da sjednu zajedno s njim. Ozbiljnog lica, s izrazom iskrenog žaljenja, saopćio je: „Sve upućuje na to da se radi o šizofreniji, jako mi je žao", rekao je.

Krupne suze su potekle Jasminki niz obraz. Ostala je skamenjena, a zatim, s neizmjernim bolom na licu, pitala doktora da li je siguran. Ima li većeg bola od bola majke koja shvata da gubi dijete na najgori mogući način. Esad i Ernest su zanijemili. Edvin je sjedio skrušeno i on je shvatio da je dobio nešto kao „doživotnu kaznu".

−„O Bože, da mi je da je danas jučer, da se ovo danas nikada nije desilo", pomisli Esad.

−„Možda vam dijagnoza nije tačna", reče Jasminka doktoru gušeći se u suzama.

–„Možda", reče doktor, „ali ja imam više godina iskustva i sve upućuje na to da se radi o šizofreniji. Ja ću mu dati za večeras jedan lijek, ali, molim vas, sutra ga povedite njegovom doktoru, treba da pije lijekove redovno."

Doktor je ubrzo otišao, a cijela porodica je potonula u mrak. Život se dijelio na vrijeme prije i poslije te noći. Ništa više neće biti isto. Zvijezda vodilja koja je cijelu porodicu vodila od ratom zahvaćene Bosne do nekog života, negdje na kraju, u zatišju, počela je da tamni. Znali su da će na kraju ostati sami, jer će ih svi početi izbjegavati. Edvinova sudbina će biti potpuno neizvjesna, a za sve njih više neće biti proslava, godišnjih, veselja i druženja. Morat će se naviknuti na sve što ta bolest donosi i na psihološki zatvor, koga sami moraju stvoriti i s time živjeti. Svi su mislili isto: više bi voljeli da su svi poginuli u ratu, nego ovo.

Mrak je najbolji izraz kojim se može opisati daljnji život porodice. Šira rodbina se prvo pravila da ništa ne zna, a onda su počele stizati poruke podrške. „Za sve mogu naći rješenje i izlaz, ali za ovo ne mogu", mislio je Esad. „Potjere zla su nas sustigle, džaba smo se borili", glasno je razmišljao.

Život je nekako išao dalje. Edvin je uzimao lijekove i nastavio raditi kao noćni čuvar i ujedno nastavio trenirati karate. Bio je samouk u sviranju gitare. Muzika je bilo sve što mu je preostalo. Kupovao je kasete, muzičku liniju, zvučnike i jaka pojačala. Počeo je pričati i sam sa sobom ili s nekim tajnim osobama koje su mu se javljale u njegovoj glavi. Ernest je prestao trenirati fudbal i počeo studirati. Nakon nekog vremena uspio je i naći posao u obližnjoj fabrici koja je proizvodila liftove. Život je tako nekako trajao nekoliko godina.

Edvin je u momentima osjećaja bespomoćnosti ležao na krevetu i zamišljao neke bolje dane, neki bolji život. Napisao je i pjesmu, kojom je opisivao šta osjeća:

U mojoj sobi iznad moga stola ima jedna slika.
Živa slika koja mijenja boju kad god je pogledam.
Ponekad slika sjaji i izgleda da je sretna.
Ponekad slika je mokra i izgleda nesretna.
Ponekad slika je mračna i postaje zlo i ljuta.
U mojoj sobi iznad moga stola ima jedna živa slika.

Edvin je sve više koristio umijeće karatea vježbajući po vratima kuće, frižideru i mlađem bratu. Ni njegov otac Esad nije bio pošteđen. U vremenima kada je propuštao lijekove pojavljivao se i relaps koji se obično završavao tučom ili s ocem ili s bratom. Sva vrata su bila porazbijana, a stvar je poprimala zabrinjavajući nivo po zdravlje i život ukućana.

Edvin je imao socijalnog radnika koji ga je redovno posjećivao, ali malo šta je mogao učiniti osim što ga je nakon relapsa uspijevao nagovoriti da uzima lijekove. Na kraju je došao i njegov doktor u posjetu i, kada je vidio sva porazbijana vrata, shvatio je da se radi o novoj fazi bolesti i zahtijevao da se Edvin hospitalizira. Bila je to teška odluka za roditelje. I sve ovo do sada je bolje, nego poslati vlastito dijete u ludnicu. Ali, šta ako se desi da u stanju relapsa Edvin povrijedi sebe, nekoga u kući ili vani na ulici? Imaju li pravo to ignorirati? Hoće li biti i sami odgovorni ako se to desi? Uostalom, bolnice valjda postoje da pomognu pacijentima. Možda mu pomognu da se, ako ništa, vrati na stanje koje je imao prošle godine, s manje nasilja. Na kraju su roditelji donijeli odluku da ga upute u bolnici uz tešku bol u srcu i u duši.

Stigla je ambulanta. Doktor je tražio od roditelja da potpišu odluku o „sekciji", odluku kojom se oduzimaju Edvinu ljudska prava. Ima li većeg užasa od toga? I to se desilo, potpis je dat drhtavom rukom uz suze i bol. Medicinski tehničari u pratnji ambulante tražili su od Edvina da uđe u ambulantu, a on je odbijao, kao da je znao šta ga čeka. Ubjeđivanje je trajalo neko vrijeme i na kraju je Edvin ušao sam na zadnja vrata ambulante, a izašao odmah na prednja. Drhtao je i gledao u roditelje. „Zašto ste me izdali", mislio je, „zašto se stali uz njih, a ne uz mene?" Gledao ih je molećivo dok se Jasminka gušila u suzama. Konačno je ponovo uveden u ambulantu i ambulanta je krenula ka bolnici. Odmah za njom krenuli su autom Esad, Jasminka i Ernest.

Ambalunat ih je odvela u bolnicu u Tolworthu, u jugozapad-nom dijelu Londona. Kada su stigli u bolnicu, Edvin je uveden u zajedničke prostorije bolnice, a s njim i porodica. Bio je tu i neki sto za stolni tenis, stolovi i fotelje. Mnogi pacijenti su znatiželjno gledali u Edvina. Neki nisu bili u stanju da budu svjesni sami sebe i sjedili su u foteljama s izgubljenim pogledima. Esad i Jasminka su pokušavali da umire Edvina. Govorili su mu da je to samo privremeno, da se samo malo oporavi pa će nazad kući. Edvin je drhtao, gledao ih je i pokušavao da povjeruje u to što mu govore.

„Najbrži izlazak odavdje ti je da poslušaš savjete doktora", savjetovao ga je Esad. Sjedili su zajedno neko vrijeme i onda je došlo vrijeme rastanka. Polako su krenuli ka izlaznim vratima. Edvin ih je pratio pogledom i gutao pljuvačku. Srce mu je lupalo, ruke drhtale, a ništa nije mogao uraditi. Digao se da ih isprati i zakoračio prema njima. U tom momentu, jedna sred-njovječna žena, pacijent, teturajući se, pala je ispred Edvinovih nogu. Edvin se sagnuo da je podigne. Digao je i pogledao prema izlazu gdje su još uvijek stajali Jasminka, Ernest i Esad. Pogledi Ernesta i Edvina su se susreli. Ernest je sagnuo glavu i polako se okrenuo. Izašli su iz bolnice. Ernestu su počele kraz glavu prolaziti sve slike iz njihovog djetinjstva: kada su se zajedno igrali, kada ga je Edvin učio da vozi biciklo, kada su sretno skakali na moru u vodu i prskali jedan drugoga. Počeo je da plače putem i plakao i plakao. Niko ga nije mogao zaustaviti.

Chapter 22

MAMA, JESAM LI JA POLUDIO?

Ernest, rođak Damir i Edvin, London 1995.

Dani su prolazili kao godine. Čekala se prva posjeta Edvinu. Jasminka i Esad su tražili i sastanak s glavnim konsultantom psihijatrijske bolnice. Došao je i taj dan posjete. Bolnica je bila smještena u Tolworthu, u jugozapadnom dijelu Londona, u naselju zvanom Surbiton. „Tolworth Hospital" je zdravstvena ustanova kojom upravljaju grad London i "St George's Mental Health NHS Trust."

Konačno, ušli su u odjel gdje su smješteni pacijenti. Bila je to očekivana slika ljudi, pacijenata kojima je život oduzeo budućnost. Neki su sjedili u foteljama, neki za stolovima. Nije se sticao utisak da pričaju jedni s drugima, već naprotiv, izgledali su kao izgubljeni u nekom polusnu. Medicinski tehničari su doveli Edvina i sve četvero, Jasminka, Esad, Ernest i Edvin su sjeli za jedan sto. To više nije bio isti Edvin, njihov sin. Bilo je to dijete kome su se ruke vidno tresle, glava jedva stajala na vratu, sagnutog izgubljenog pogleda. Porodica je ostala preneražena gledajući ga.

–„Edvine, srećo, kako si?", uspjela je nekako izustiti Jasminka. Suzdržavala se da ne zaplače, jer to Edvin nije volio.

–„Mama, jesam li ja poludio?", konačno progovori Edvin drhtavim glasom.

–„Nisi, sine, imaš samo nekih mentalnih problema i to će proći."

–„A zašto sam onda u ludnici?", Edvin podiže glavu i pogleda je pravo u oči.

–„Edvine, ovo je psihijatrijska klinika i, vidiš, nisi sam, svi ovi oko tebe imaju neke probleme, brzo ćeš nazad kući, već smo ugovorili sastanak s doktorima", reče Jasminka.

Esad je bio jako zabrinut zbog stanja u kojem ga je zatekao. „Imamo uskoro sastanak s doktorom pa ćemo vidjeti šta su mu uradili", mislio je. Ernest je skoro izgubio dah gledajući ga. Htio je da mu kaže nešto utješno, ali znao je da bi to bila laž, a nije htio lagati voljenog brata. Šutio je i gutao pljuvačku. Posjeta je prošla u razgovoru o stanju u bolnici i budućim koracima. Edvin je dobio uvjeravanje da će porodica sve učiniti da mu se skine sankcija i da izađe iz bolnice. Ovo nije bio oporavak koji su doktori obećali roditeljima. Edvinovo stanje je bilo mnogo gore nego kada je primljen u bolnicu. Osjećali su se prevarenima, a toliko su vjerovali doktorima.

Nakon upornog insistiranja, konačno se desio i sastanak s Edvinovim konsultantom, doktorom koji je bio dodijeljen za liječenje Edvina. Bila je to doktorica srednjih godina. Izgledala je samouvjereno i davala utisak jako stručne osobe.

–„Edvin više nikada neće biti kakav je bio, nemojte to očekivati", rekla je spuštajući pogled. Znala je da je to bolna istina za porodicu, ali nije htjela da im daje lažni optimizam, toliko očekivan.

Nakon nekoliko mjeseci boravka u bolnici, Edvin se vratio kući. Zdravstveni sistem je tada imao strategiju da je za mentalne bolesnike bolje da provode vrijeme u krugu porodice, nego da su izolirani u bolnicama. To bi donekle imalo smisla kada bi se pacijenti pridržavali terapije, ali to gotovo redovno nije bio slučaj. Nakon nekog vremena neuzimanja lijekova ili, što je još gore, uzimanja neke droge poput kanabisa, stanje se rapidno pogoršavalo, nakon čega neki pacijenti onda padaju u depresiju, a neki postaju nasilni.

„Možda postoji nešto pored klasične medicine što bi moglo pomoći", razmišljali su roditelji. Ni Edvin ni porodica nisu bili religiozni. Vjerovali su u Boga, ali nisu išli u džamiju. Rat je sve poremetio, a i prije toga, u Bosni su uglavnom stariji ljudi išli na džumu u džamiju petkom. Mlađe ljude je više zanimao realan život nego duhovni i vjerski, mada je bilo izuzetaka. Edvin i Ernest također nisu išli u džamiju ni u Bosni ni u Britaniji, iako je postojalo nekoliko džamija u blizini. Vjernici bi rekli da nisu pravi muslimani, a oni bi se branili da su odrasli u komunizmu, gdje, istina, nije bilo zabranjeno ići u džamiju, ali je sistem obeshrabrivao sve nove generacije da se značajnije uključuju u religiozne institucije. Bila je poruka da je „religija opijum za narod", skovana još u doba antifašističke revolucije tokom Drugog svjetskog rata.

Jasna i Esad su posjetili glavnog imama, vjerskog lidera lokalne džamije u Hounslowu. U tom naselju lokalni muslimani porijeklom iz Pakistana i raznih država svijeta sagradili su džamiju i svoj kulturni centar s bibliotekom. Objasnili su imamu situaciju s Edvinom, a on je pristao da ih posjeti. Konačno, imam je došao, ušao u dnevni boravak, sjeo u fotelju s tespihom u ruci. Nešto je učio poluglasno. Edvin ga je gledao više istražujući ko je on i zašto je obučen u dugu mantiju. Imam ga je pogledao blagim pomirljivim pogledom i predstavio mu se. Edvin je predosjetio da njegova posjeta ima nek veze s njim, uplašio se da bi sve to moglo prethoditi njegovom ponovnom odlasku u bolnicu. Zauzeo je odbrambeni stav i pitao imama zašto je došao.

Imam je diplomatski odgovorio da je došao da ga pozove da posjeti njihov novi kulturni centar. „Imamo biblioteku, razne radionice za mlade ljude poput tebe", odgovorio je imam.

I dalje nepovjerljiv, Edvin je krenuo s pitanjima koja su bila sve neugodnija. Na kraju, imam je shvatio da on ne može ništa pomoći, zahvalio se porodici i otišao. „Dobro je", pomisli Esad, „da je još malo ostao, Edvin je mogao skočiti na njega."

Edvin je izašao iz bolnice u mnogo gorem stanju nego što je tamo otišao. Povukao se u svoju sobu, pričao sam sa sobom, zamišljao da je u krugu svojih nekadašnjih prijatelja i ponekad se glasno smijao. To je bilo neko njegovo zamišljeno druženje sa svijetom oko sebe. Za sebe je tvrdio da je bog zraka pa onda da je bog vode. Muzika mu je bila jedini izlaz iz takvog stanja. Nabavio je sve moguće CD-ove Boba Marleya, „Bijelog dugmeta", „Divljih jagoda" i svih ostalih poznatih bendova. Onda mu je postojeća muzička linija postala premala. Počeo je kupovati pojačalo, ogromne zvučnike sa "subwoofer-om" od 500W. Ubrzo su opravdane žalbe komšija postajale svakodnevne, a porodica tu ništa nije mogla uraditi.

Bilo je predvečerje jednog jesenjag dana u Hamptonu, gdje je Edvinova porodica imala kuću. Bila je to kupovina privatne kuće s kreditom, hipotekom, koji se morao redovno otplaćivati. Esad i Jasminka su srećom imali posao, pa se moglo nekako živjeti. Jasna, Esad i Edvin su sjedili u dnevnom boravku. Edvin je bio zatvoren u sebe, nešto sam sa sobom pričao. Jasna i Esad su ga gledali s bolom i tugom u očima. Na malom stolu pored fotelje gdje je Edvin sjedio bio je neki magazin s lijepom djevojkom, modelom na naslovnoj strani. Edvin je počeo prvo da gleda u sliku djevojke, a onda da priča s njom. U njegovoj glavi to je bila njegova prva ljubav, Meliha, koju je ostavio u Sarajevu. Obraćao joj se sa smijehom, nešto joj pričao s vedrim izrazom lica i onda upućivao zaljubljene poglede, milujući je očima. Jasminka je otišla u kuhinju da je Edvin ne vidi kako plače. Esad je otišao u spavaću sobu na sprat, ni on nije imao snage da to gleda.

Potom je Edvin stavio u muzičku liniju CD s pjesmom „Krivo je more" od „Divljih jagoda", ustao, uzeo magazin u ruke, okrenuo sliku djevojke prema sebi zamisljajući da je tu pored njega u stvarnosti i počeo da pleše držeći ruke naprijed kao da drži svoju dragu Melihu u naručju. Bio je uzbuđen i, činilo se, sretan. Htio je potom pjesmu s nekom porukom svojoj ljubavi.

U glavi je stvorio ambijent kao da ima party sa svojom djevojkom i drugovima. Bila je to pjesma "Kap po kap" istog benda, ali ovaj put audio je bio navijen do kraja. Pjevao je glasno uz zvuke sa muzičke linije:

"*Jednom kad sretneš me,*
to neću biti ja,
već samo uspomene, mrve sjećanja...
Kap po kap, kiša sprema se,
samo da znaš, nisam lud da mislim na tebe...
I s kim sada si, nije važno mi,
tek kiša jesenja podsjeća..."

Radijatori su se tresli od buke. Komšije su se počele iskupljati ispred ulaza i lupati na vrata. Svjetla na okolnim kućama su se počela paliti. Hamptonom je odjekivalo: "Kap po kap, kiša sprema se..."

Edvin je stajao ispred ulaznih vrata oklijevajući da ih otvori. Esad je sišao u hodnik, ugasio muzičku liniju i obratio se Edvinu riječima: "Pusti, ja ću."

Pokušavao je objasniti komšijama da je to samo jedna, dvije pjesme i da će buka prestati. Komšije nisu bile zadovoljne, prijetili su tužbom i policijom. Esad je ušao u kuću, sjeo na sofu, stavio ruke oko glave i duboko razmišljao: "Šta smo Bogu skrivili da nam se ovo dešava?" Mentalni bolesnici su jako osjetljivi na bilo koju prijetnju. Neki to opisuju na način da su osjetljivi do te mjere kao da nemaju kožu. Edvin je postao jako ljut, izvadio je CD iz muzičke linije i polomio ga vičući: "Ko su oni, zašto im smeta muzika?!"

Zatim se okrenuo prema Esadu, on je ionako bio kriv što ga je poslao u bolnicu, to mu nikada nije oprostio. U njemu je vidio zaštitnika, a on ga je izdao. Dreknuo je na Esada riječima: „A gdje si ti bio?!", i skočio na njega svom snagom oborivši ga na sofu i udarajući pesnicama. Dok se Esad uspio odbraniti i odgurnuti ga, već je imao nekoliko masnica na licu, koje su počele oticati. Bio je to prvi značajniji akt nasilja u porodici koji će postati sve češći, ne samo prema Esadu, nego i prema Ernestu. Obojica su se nakon nekog vremena morali iseliti, a Edvin i Jasminka su ostali sami u kući jedno vrijeme, dok Edvin nije ponovo morao u bolnicu, jer mu se stanje pogoršalo.

Chapter 23

LUNATIC VALLEY

Univerzitetska psihijatrijska bolnica „Springfield" ima viktorijansku arhitekturu i prepoznatljiva je po ogromnom dimnjaku u krugu bolnice. Bolnica „Springfield" nalazi se u Tootingu i glavna je lokacija za usluge mentalnog zdravlja u jugozapadnom Londonu. U početku, azil je trebao služiti siromašnoj populaciji ruralnog Surreya i sagrađen je u dijelu Springfield parka, koji leži na rubu Wandsworth Commona. Stanovnici Londona su taj dio Tootinga prozvali "Lunatic valley".

Bližio se dan još jedne posjete i Jasminka, Esad i Ernest su krenuli ka Tootingu. Bila je to jedna u nizu posjeta koje su redovno imali. To je trajalo nekoliko godina, tokom kojih je Edvin bio povremeno bolje, izlazio iz bolnice, a onda, kada bi mu se pogoršalo stanje, morao je opet nazad. Najčešći uzrok pogoršanja je bilo ponovno uzimanje kanabisa ili propuštanje uzimanja lijekova. Edvin je zbog progresa u zdravlju i kulturnog ponašanja imao pravo i na izlaske s roditeljima tokom vikenda, uz uslov da redovno uzima lijekove. Drugi uslov je bio da dođu po njega i da ga vrate na kraju vikenda.

Edvin se u međuvremenu sprijateljio s nekim pacijentima, a s nekima je došao u sukob. Jedan od prijatelja se zvao Robert. Bio je to momak koji je služio u vojsci negdje u svijetu kao pripadnik Britanskih marinaca, razvio posttraumatski stresni poremećaj (PTSP), stanje mentalnog zdravlja koje je izazvano nekim zastrašujućim događajem. Stanje mu se pogoršavalo pa je završio u bolnici. Nakon duge borbe s bolešću, roditelji su ga, nakon nekoliko godina, skroz zapostavili, nisu ga posjećivali, samo su komunicirali telefonom. Često je govorio Edvinu: "Blago tebi, tebe roditelji još uvijek paze."

Na ulazu u odjeljenje bolnice bila je vrsta portirnice, s telefonom. Tu su zatekli medicinskog tehničara i Roberta. Robert ih je pozdravio sa širokim osmjehom. Na neki način ih je doživljavo kao svoju familiju. Robert je počeo okretati telefon drhtavim rukama. A onda, kada se čuo glas s druge strane, govorio je: "Savjetujem vam da dođete, savjetujem vam da dođete..." Što je razgovor duže trajao, ruke su mu sve više drhtale. Ishod njegovog poziva roditeljima bio je poznat Esadu, potapšao ga je po ramenu s pitanjem: "Kako si, Roberte?" Ako ništa, bar jedan topli gest osobe koju je jedva poznavao. Robert je klimnuo glavom, sagnuo pogled i udaljio se polako koračajući.

Edvin ih je dočekao radosno. Bili su se dogovorili da taj dan odu na plažu u Brighton. Vožnja je trajala oko dva sata, ali je vrijedilo. Bio je sunčan ljetni dan. Edvin je uživao na suncu, moru i plaži. Povremeno je bacao pogled na djevojke u kostimima. Kao dijete bio je zaljubljen u djevojčicu iz susjedne zgrade. "Gdje li je sada, šta radi i s kim je?", često je razmišljao.

Plaža Brightona je šljunkovita, nije baš pogodna za izležavanje na peškirima, ali zato postoje ležaljke za iznajmljivanje. Okolo ima dosta restorana za hranu, barova, bistroa, kafića i puno mjesta za zabavu. Veći dio Brightona ima džordžijansku i viktorijansku arhitekturu, uključujući nizove kuća s terasama duž obale.

Dan je prošao u kupanju, sunčanju, izležavanju i ukusnom ručku u obližnjem restoranu. Edvin je bio zadovoljan, malo preplanuo od sunca. Krenuli su polako sada u Hampton, gdje je porodica živjela i gdje će Edvin prenoćiti prije nego što se vrati u bolnicu. Kod kuće, Edvin je povremeno slušao muziku, ponekad i sam svirao na gitari, a dio vremena je provodio pričajući sam sa sobom. Tako je uspijevao nadomjestiti neizlazak s drugovima, koji su ga zaboravili. Zamišljao je razne situacije s njima, šale, ćaskanje i potom se sam smijao naglas nakon neke od šala koju je sam smislio. Kada bi ga Jasminka pitala zašto priča sam sa sobom, odgovorio bi: "Još samo mi je to ostalo, šta misliš kako bih preživio bez toga?"

Sutradan su odveli Edvina u bolnicu. Ostavili su ga pred ulaznim vrataima bolnice. Okrenuo se i mahnuo im s tužnim osmijehom na licu. I oni su mu mahnuli s uzdahom. Dok su izlazili iz bolnice, čuo se glas neke djevojke kroz prozor iza debelih zidina jednog od odjeljenja bolnice. Vikala je glasno i tužno: "Wanna go home, wanna go home..."

Chapter 24

POVRATAK U BOSNU

–„Mama, hoću u Bosnu!", ponavljao je Edvin sedmicama.
Kako se više gubio to je više tražio.

–„Zašto, sine, u Bosnu, jedva smo živu glavu od tamo izvukli,
ovdje imaš škole, posao je lahko naći", odgovarala bi Jasminka.

Esad je našao sobu blizu firme gdje je radio i vikendom
bi dolazio kući. Ernest također. Vikend je bilo vrijeme kada
je porodica bila na okupu uz sve rizike. Nekako su uspijevali
da dobiju socijalnog radnika da ih posjećuje i daje Edvinu li-
jekove. Esadu se ideja o povratku u Bosnu nikako nije dopadala.
Edvin bi i tamo napravio neki incident, a, osim toga, njihov
stan je bio devastiran u potpunosti. Porodica je privremeno
napustila stan u Sarajevu, u naselju Dobrinja 1, koji se nalazio
na granici između dva entiteta.

Esadov stan se nalazio na dijelu koji je pripadao takozvanoj
Federaciji Bosne i Hercegovine, a odmah prekoputa ulice počin-
jala je teritorija drugog entiteta, kome je po nastanku primirja
dato ime Republika Srpska. Tadašnja Evropska zajednica, kao
i skoro čitav zapad, nisu bili dobronamjerni prema državi Re-
publici BiH zbog veoma uspješne Miloševićeve islamofobične
propagande, zbog koje je Bosna dobila i embargo na uvoz

oružja usred agresije. U tome mu je svesrdno pomagao Alija Izetbegović, koga je Milošević izvadio iz zatvora, dao mu pasoš, posao i pomogao da osnuje prvu kleronacionalističku stranku pod nazivom Stranka Demokratske Akcije (SDA), a onda ga ustoličio na mjesto predsjednika Predsjedništva Republike Bosne i Hercegovine.

I dok je vrh stranke SDA, s mnogim infiltriranim Miloševićevim agentima, podrivao odbranu i radio za Miloševića, njihovo članstvo je manipulacijom bilo uvjereno da oni rukovode odbranom države. Tako su lokalne organizacije radile na odbrani države, a vrh SDA je sabotirao odbranu, otuđivao donacije, smjenjivao ili eliminirao atentatima najuspješnije komandante Armije BiH s terorističkom grupom pod nazivom „Ševe". Ta grupa je u pokušaju ubistva generala Glavnog štaba odbrane Republike BiH, Sefera Halilovića, greškom ubila njegovog brata i njegovu suprugu. Stradali su i mnogi drugi branitelji, a istraga o njihovom ubistvu nikada nije provedena.

Prekretnica u ratnim uspjesima je nastala nakon što je hrvatski predsjednik Tuđman shvatio da njegov dogovor s Miloševićem o međusobnoj podjeli Bosne i Hercegovine neće biti moguće izvesti, što zbog protivljenja Amerike, što otezanja Miloševića da se po dogovoru povuče iz Hrvatske. Štaviše, Milošević je pokrenuo ofanzivu na pogranični grad Bihać, nakon što je s Alijom dogovorio prekid vatre na svim ostalim frontovima. Ako Bihać, grad uz granicu s Hrvatskom, padne u Miloševićeve ruke, onda bi to bilo stanje u kome bi stvaranje velike Srbije bilo izvjesno, a sa „balkona" velike Srbije vidio bi se i Zagreb i hrvatsko primorje. Stoga, uz pristanak Harisa Silajdžića, premijera Vlade Republike BiH, Tuđman i Silajdžić iniciraju Washingtonski sporazum između Vlade RBiH i Republike Hrvatske. Vašingtonski sporazum bio je sporazum o prekidu vatre između Republike Bosne i Hercegovine i vojnih milicija

Hrvata iz Hercegovine, poznatim pod nazivom HVO (Hrvatsko vijeće odbrane), potpisan u Washingtonu 18. marta 1994.

Potpisali su ga bosanski premijer Haris Silajdžić, hrvatski ministar vanjskih poslova Mate Granić i Krešimir Zubak, koji je zastupao HVO iz RBiH. Prema sporazumu, zajednička teritorija koju su držale snage hrvatskog HVO-a i bosanske Vlade podijeljena je na deset autonomnih kantona, čime je uspostavljena Federacija Bosne i Hercegovine i okončan hrvatsko-bošnjački rat. To je stvorilo uslove da se i Bihać odbrani akcijom lokalnih snaga, Petog korpusa Armije BiH i da Hrvatska pokrene vojnu operaciju „Oluja", kojom su Miloševićevi pobunjenici poraženi u području hrvatske Krajine. Ofanziva zajedničkih snaga Armije Republike BiH i HV (hrvatske vojske) se nastavila do predgrađa Prijedora, s izgledom da se Miloševićevi i Karadžićevi pobunjenici poraze potpuno, ali je tu akciju zaustavio Alija Izetbegović, pravdajući se da je to ultimatum Amerike. Uskoro, Alija Izetbegović dogovara s Miloševićem podjelu Republike BiH na dva dijela, dva entiteta od kojih entitet koji su pod kontrolom držali Karadžićevi pobunjenici dobija naziv Republika Srpska. Ovim su izdaja i genocid i silni zločini u kojima je poginulo preko 100.000 ljudi i protjerano više od milion, bili nagrađeni. Takav sramni sporazum je dogovoren u Daytonu 21. novembra i potpisan u Parizu 14. decembra. Taj sporazum nikada nije ratifikovao Parlament Republike BiH, već se on provodi silom, voljom sljedbenika agresora na Republiku BiH, internacionalne zajednice i pete kolone, predvođene rukovodstvom stranke SDA.

Odmah uz tu liniju razdvajanja, gdje je počinjala Republika Srpska, nalazio se Esadov i Jasminkin stan. Nakon njihovog privremenog odlaska iz stana, stan je bio provaljen, kompletan namještaj pokraden i ne samo namještaj već i radijatori, parket, lusteri i električne utičnice. Da stvar bude gora, u takav devastirani stan uselio se neki čovjek sa sinom. Sve i da su htjeli da se vrate, stan je prvo trebalo sudskim putem povratiti i renovirati.

Edvin je bio nestrpljiv, tražio, molio, zahtijevao. Uz pomoć svoje sestre Emire, koja je jedina od porodice ostala u Sarajevu tokom rata, pokrenuo je sudski postupak povratka u posjed stana. Procedura je bila komplicirana i dosta dugo je trajala. Na kraju je izgledalo da će se želja Edvinu ispuniti, bar djelomično. Plan je bio da se u Bosnu vrate Edvin i Jasminka, a Esad i Ernest da ostanu u Britaniji i finansijski pomognu povratak i renoviranje stana, kao i život Edvina i Jasminke. Pretpostavljali su da će se Edvin brzo predomisliti kada vidi da ni u Bosni njegovo stanje ne ide na bolje. A možda Bog da pa da se počne bar djelimično oporavljati.

Na dan odlaska, porodica je stigla na aerodrom Heathrow. Plan je bio da Jasna i Edvin prvo posjete Nerminu u Holandiji, a onda autobusom stignu od Amsterdama do Sarajeva. Edvin je bio ushićen, ali to nije pokazivao. Njegov plan se ostvarivao i to je jedino što mu je bilo važno. Ernest je šutio pognute glave. Hoće li ikada više vidjeti Edvina, ratne rane u Bosni su još uvijek bile friške? Esad ih je posmatrao, potajno se nadao nekom optimizmu, možda ipak rodni kraj djeluje pozitivno na Edvina. Jasminka je šutjela pognute glave, imala je zadatak pred sobom. Nije smjela pogledati Esada da ne bi zaplakala pred Edvinom. Došlo je vrijeme prolaska kroz pasošku kontrolu. Jasna i Edvin su se okrenuli i mahnuli Esadu i Ernestu, a zatim nestali u prolazu bezbjednosne kontrole. Esad i Ernest su ostali još par minuta da ih isprate pogledom, dok se još mogu vidjeti.

U Holandiji su imali topao doček, onakav kako samo prava tetka i tetak mogu pružiti sestriću i sestri. Prvi rođaci, Damir i Mirna, također su ih toplo dočekali. Znali su da će veoma kratko biti zajedno, a onda da ih zadugo neće vidjeti. Bio je to susret pun neizvjesnosti, nade i iščekivanja šta će se desiti u Bosni.

Put od Amsterdama do Sarajeva traje obično oko 40 sati, s povremenim pauzama u većim gradovima. Putnici obično pokušavaju djelimično spavati i onda u pauzama protegnuti noge i osvježiti se na usputnim stanicama. Edvin je povremeno gledao kroz prozor. Čekao je da prođu kroz Hrvatsku i konačno stignu u Bosnu. Granica je bila na rijeci Savi, a prva stanica u Bosni bio je gradić Bosanska Gradiška, na obali Save. Ulazeći u Bosnu, Edvin se okrenuo prema prozoru autobusa. Počeo je ubrzano da diše. „To je to", mislio je, „konačno smo stigli u državu gdje sam rođen i gdje sam ostavio sve uspomene." Autobus je ušao u Lijevče polje, prostor u kome se nalazio gradić Bosanska Gradiška. Lijevče polje je ravnica u donjem toku Vrbasa, između rijeke Save na sjeveru, planina Prosare na zapadu, Motajice na istoku i Kozare na jugozapadu. Sunce je obasjavalo dolinu, a iz doline su se mogle vidjeti šume i visovi okolnih planina i brežuljaka. Konačno, miris Bosne je zapuhnuo i Edvina i Jasminku. Kroz glavu su im prošli svi oni lijepi dani, sevdalinke i pjesme sarajevskih i jugoslovenskih zvijezda i narodne i zabavne muzike. Edvin je izašao iz autobusa, duboko udahnuo zrak i bacio pogled na nekoliko domaćih ljudi iz Gradiške, koji su na stanici čekali neke svoje autobuse. Prišao im je, počeo s njima razgovarati, s brojnim pitanjima. Bio je veseo, raspoložen, a obližnjoj djeci je počeo davati bakšiš, iako to oni nisu tražili. Nije znao da su to ljudi koji su sada pripadali entitetu Republika srpska, podijeljene Republike Bosne i Hercegovine, a, i da je znao, to mu izgleda ne bi bilo važno. Među tim ljudima, s kojima je sada razdragano ćaskao, vjerovatno je bilo i onih koji su davali političku podršku paravojskama i liderima koji su ga protjerali iz rodnog grada i države.

Nakon Gradiške, autobus je produžio u pravcu Sarajeva i nakon nekoliko sati stigao na autobusku stanicu u Sarajevu, gdje ih je čekao Jasminkin brat Jasmin. Jasmin je preživio i opsadu Sarajeva i rat, kao i Jasminkina majka Hanifa. Jasminka je radila intenzivno na obnovi stana koji je porodica imala na Dobrinji prije početka agresije i rata. Trebalo je ponovo staviti malter na zidove, plafone, ugraditi novi parket, instalaciju, prozore i vrata. Pored toga, trebalo je ubaciti novi namještaj.

Esad i Ernest su izdvajali od svoje plate određenu sumu za ove namjene. Kada je sve bilo gotovo, Jasminka i Edvin su preselili iz stana Jasminkine majke u novi stan. Očekivali su neku promjenu na bolje u pogledu Edvinovog stanja.

Po ulasku u stan gdje je proveo djetinjstvo, sjetio se svoje prve dječačke ljubavi, djevojčice Melihe iz susjedne zgrade. Tamo je više nije bilo. I ona je s roditeljima preselila negdje u centar Sarajeva. A ta zgrada preko puta ulice sada je pripadala bh. entitetu Republika srpska, gdje su vlast držali sljedbenici Karadžićevih pobunjenika. Veliki dio građana s tog prostora je ionako bio protjeran i etnička struktura promijenjena. U tom dijelu grada nije bilo više ni Edvinovih školskih drugova. Edvin se sjetio telefonskog imenika i usluga telefonskih „informacija". Tražio je i dobio Melihin broj telefona. Nije gubio vrijeme, nazvao je vidno uzbuđen, nadao se da ga nije zaboravila.

–„Halo, Meliha, Edvin ovdje, sjećaš li me se?", govorio je u slušalicu u iščekivanju kakav će biti odgovor.

–„O, to si ti, Edvine, naravno da se sjećam! Kada ste stigli u Sarajevo, hoćete li ostati stalno ili ste samo u posjeti?", odgovorila je Meliha pomalo iznenađena.

–„Došli smo za stalno, kako si ti?"

–„Dobro sam, hvala na pitanju, baš mi je drago da si me se sjetio nakon toliko godina", reče Meliha. Podigla je obrvu i pokušavala da se sjeti kako je izgledao Edvin sa 12 godina, kada su se rastali.

–„Nisam bio u prilici da ti se prije javim, ali, sad sam tu, možemo li se negdje naći vani na kafi?", upita znatiželjno Edvin.

–„Eh, dragi Edvine, voljela bih, ali, nažalost, ja sam sada u ozbiljnoj vezi, imam momka s kojim sam svaki dan, on to zasigurno ne bi volio, izvini, molim te", reče Meliha tihim glasom.

Edvin je zastao, progutao pljuvačku, bio je to još jedan udarac „potjera" koje su ga sustigle još u Londonu i ne puštaju ga i ko zna hoće li ga ikada pustiti.

–„Ništa, Meliha, zaboravi", reče Edvin snuždeno i spusti slušalicu. „Ima lijeka", pomisli Edvin, „mora da i ovdje neko prodaje drogu, raspitat ću se."

Edvin je povremeno boravio u bolnici, a povremeno kući, zavisno od stanja zdravlja koje je bilo promjenjivo. Uglavnom, poslije konzumiranja droge, prestao bi piti lijekove i Jasminka je morala zvati ambulantu da ga vodi u bolnicu. Kada bi ponekad odlutao daleko od kuće, policija bi ga našla i vratila ili kući ili u bolnicu.

Uskoro je i Jasminka uspjela naći posao doktorice u jednom mjestu pored Kiseljaka. Za nju, rođenu Sarajku, nije bilo posla u Sarajevu ni prije rata, i tada je važio nepotizam i lokalni provincijski patriotizam, gdje su provincijski klanovi zapošljavali svoju rodbinu mimo javnih konkursa. Ipak, posao je posao, pa makar udaljen 50 km od kuće, i način da se bar pokuša vratiti u normalni život.

Chapter 25

ZATVOR

Bio je hladan zimski dan, a prve pahulje snijega su počele padati po naselju Dobrinja u Sarajevu. Parkovi i krovovi kuća su se zabijeljeli, a hladan vjetar se poigravao s pahuljama snijega. Edvin je skoro pa bio zaboravio kako snijeg izgleda, jer u Londonu, gdje je proveo prethodnih desetak godina, snijega gotovo da i nije bilo. Ostalo mu je još par „joint" kanabis ručno smotanih cigareta. Obukao se i izašao vani. Zapalio je joint i duboko udahnuo. Kako je šetao ulicama, pred očima su mu izlazile slike iz djetinjstva, a onda je droga počela da djeluje. Te slike baš i nisu više ličile na stvarnost. Pahulje snijega su postajali biseri, parkirani automobili su imali dušu i pričali s njim. Neki od njih su bili baš agresivni i prijetnja pa je morao lupati šakom po haubi da ih „urazumi". „Gdje sam krenuo?", pitao se. „Aha, mama me poslala da kupim ćevape", sjetio se. Nekako je stigao do ćevabdžinice na kraju ulice i kupio dvije porcije. Lagano je krenu nazad, kući. Usput je sretao mnoga lica, što stvarna, što zamišljena. Najednom je zamislio da vidi Melihu. „Edvine, jesi li to ti?" Prišao joj je i zagrlio je, a onda je shvatio da grli stablo drveta zasađeno uz put. Nekako je stigao u ulicu gdje je stanovao. Ulica je ustvari bila entitetska linija koja je razdvajala entitet Federacije BiH od entiteta Republika srpska. Bile su to dvije administrativne jedinice u okviru države Bosne i Hercegovine, jedinice koje su nastale Dejtonskim sporazumom.

Na trotoaru ulice, na strani koji je pripadao entitetu Republika srpska, stajale su dvije osobe i nešto pričale. Jedan je bio pravoslavni pop u mantiji i sa šeširom na glavi. Druga osoba je bo neki čovjek, normalno obučen, koji se naginjao prema popu i nešto mu objašnjavao.

– „Edvine, zar ne vidiš da onaj idiot hoće da tuče popa, ne daj da mu to uradi!", čuo je glas u glavi.

– „Ne, ne, to ne smijem dozvoliti, on je sveštено lice i ja i Bog ćemo ga odbraniti", pomislio je. Edvin glasno uzviknu:

– „Šta hoćeš, pusti ga na miru!" Zatim je odgurnuo čovjeka i udario ga pesnicom u lice. Čovjek se zateturao, a pop krenuo korak unazad iznenađen, ne shvatajući šta se dešava.

– „Sad je sve u redu, neće se više usuditi da ga napada", pomisli Edvin i krenu ka zgradi gdje je stanovao. Ušao je u stan zadovoljan. „Uradio sam bar nešto korisno", pomislio je i sjeo za sto.

Međutim, taj incident imao je žestok epilog. Cijela ulica na entitetskoj liniji se ubrzo ispunila bijesnim protestantima. Uzvikivali su: "Uhapsite mudžahedina, uhapsite teroristu!" Ulica je bila puna ljutih protestanata koji su uzvikivali bijesne parole, derali se, tražili da policija dođe.

Edvin je ustao kada je čuo dreku, prišao prozoru iznenađen šta vidi i obratio se Jasminki:

„Mama, vidi, rat opet počeo." Jasminka se počela tresti od straha i zebnje. Šta se desilo, zašto ovi ljudi, mahom okolni Srbi, traže hapšenje Edvina?

Stigla je i policija, stigli su i novinari. Policijski kombi se parkirao skoro pred ulaz zgrade, a iza njega su virile kamere novinara. Malo ko od novinara zaposlenih poslije rata je imao profesionalizam i etiku koja je krasila novinare starije generacije. Tražila se senzacija, koja donosi veću prodaju, veću gledanost i to je jedino bilo bitno. Kako novinari, tako i političari, tako i more nevladinih organizacija koje su nicale ko pečurke poslije kiše. Televizijske stanice su objavile da je strašni mudžahedin, terorista koji je tek stigao iz Londona, izudarao pravoslavanog popa, koji je jedva ostao živ. Javili su se i dežurni zaštitnici ljudskih prava preko medija. Jasminka im je pokušala objasniti da je Edvin bolestan, da ima dijagnozu šizofrenije, da je dijagnosticiran još dok je bio u Londonu, ali, čini se da nikoga nije to zanimalo, osim Helsinškog komiteta iz Banje Luke, koga je vodio direktor Todorović. Oni su jedini uhvatili poruku Jasminke i objavili istinu da se radi o bolesnom momku. Helsinški komitet iz Sarajeva, koga je vodio Srđan Dizdarević, više je mislio o političkim poenima nego o istini i teško je optužio Edvina.

Javni i kulturni radnik Dino Mustafić, ne čekajući da sazna istinu, niti ga je istina zanimala, javno je izjavio da „Srbi ne mogu slobodno hodati Sarajevom.“ Reisu Ceriću su javili da je momak bolestan, ali je on to ignorirao, važnije je bilo dobiti još koji mandat na čelu Islamske zajednice, nego sudbina bolesnog momka. Teško je optužio Edvina kiteći svoj merhametli govor raznim nebulozama, bolje reći lažima, jer je imao informaciju da je Edvin bolestan. Grad gdje se rodio i gdje je proveo djetinjstvo mu je stavio metu na čelo. S takvim optužbama da je mudžahedin i terorista, element ubačen iz Engleske, svaki radikal mu je mogao raditi o glavi ne čekajući ni sud ni presudu.

Policija iz Republike srpske je nelegalno prešla entitesku liniju i pokucala na vrata. S njima je stigao i policajac iz Federacije BiH. Neko iz Federacije BiH je dao saglasnost policiji iz

Republike srpske da mogu doći i hapsiti po vlastitoj želji koga hoće bez naloga Tužilaštva. Narod je vani tražio linč: „Hapsite mudžahedina, teroristu!" Novinari, željni senzacije i profita, jedva su čekali da sa svojim kamerama zabilježe takav trenutak.

A istina je bila da Edvin nikada nije ušao u bilo koju džamiju niti je imao predstavu, nažalost, šta je učenje islamske religije. Rodio se u momentu i ambijentu kada nije bilo ni vremena ni mjesta da se time bavi. Tačno je da niko prije rata nije branio nikome da se bavi religijom koliko god je želio, ali, Edvinovi roditelji, kao i većina intelektualaca tih dana, nisu bili puno religiozni, izmanipulirani komunističkom doktrinom. Edvin nije bio ni Titov pionir, jer, kada je krenuo u školu, veliki dio Titinih obožavalaca pretvorio se u svoju suprotnost, u četnike i ustaše.

Bezuspješno je Jasminka, drhteći i plačući, objašnjavala policiji da je Edvin bolestan, da je propustio popiti lijekove i da je već pozvala ambulantu da ga vode u bolnicu. Narod, politika, mediji, kulturni radnici, nevladine organizacije i religija – svi su oni tražili linč i linč je morao biti isporučen. Edvinu su stavljene lisice na ruke i onako, bez zimske odjeće, strpan je u policijsko auto i odveden u zatvor u Republici srpskoj, zvani Kula, umjesto u bolnicu. Nelegalno hapšenje, bez naloga za hapšenje i s kršenjem osnovnih ljudskih prava i ustava u dijelu gdje se zabranjuje prelazak entiteskih policija preko entiteske linije je obavljen na opće zadovoljstvo javnosti i u Sarajevu i u Banjoj Luci. Strašni „mudžahedin" je iza brave i to je jedino bilo važno.

Nijedan od policajaca ni iz Federacije BiH ni iz entiteta Republike srpske nije nosio grb države koju su Ujedinjene nacije priznale i koji je nosio na rukavu njegov otac dok je bio član Teritorijalne odbrane Republike BIH. Esadu je bilo jasno da je poslao prodicu u okupiranu državu, kojom vladaju sljedbenici ratnih zločinaca Miloševića i Tuđmana i njihovi kolaboranti, bošnjački veleizdajnici.

Esad je odmah obezbjedio pismo iz bolnice u Londonu s validnom dijagnozom Edvinove bolesti i poslao ga hitno u Britansku ambasadu u Sarajevu, moleći za asistenciju. Edvin je već bio državljanin Velike Britanije i imao je na to pravo. Jasminka i njen brat Jasmin su uspjeli da preko SFOR-a dostave Edvinu odjeću u zatvor iste noći. Bila je zima i nisu bili sigurni kakvo je stanje u zatvoru.

Rano ujutro Jasminka i njen brat Jasmin su krenuli u zatvor na Kuli da obiđu Edvina. Bilo je hladno jutro. Hladan vjetar je puhao, a prozori mrznuli. Ulazna vrata koja su vodila u prijemnu sobu zatvora bila su otvorena, a odmah u hodniku s desne strane bila je jedna manja soba sa stolom i stolicama. Hladan zrak je prodirao kroz hodnik i do te sobice, koja nije imala vrata.

Ulazeći kroz hodnik, Jasmin je vidio Edvina vezanog za sto u toj sobici. Bio je pomodrio i promrzo do kosti, ostavljen cijelu noć da sjedi vezan, u sobici u koju je hladan zrak ulazio nesmetano kroz otvorena vrata. Jasmin je odmah tijelom zaklonio vidik Jasminki da ne vidi taj prizor i uputio je ka prijemnoj sobi s osobljem. No, odmah zatim i sama je vidjela taj prizor, pošto je osoblje uputilo ka sobi u kojoj je sjedio Edvin drhteći.

Jasminka je pala u očaj i počela vrištati: „Idioti, je li ovako držite dijete cijelu noć vezanog na ovoj hladnoći?! Ima on oca, čekajte samo da on dođe, vidjet ćete vi svog Boga!"

U to je izašao policajac iz WC-a, zakopčavajući šlic i uvlačeći košulju u pantalone, isti onaj koji je i uhapsio Edvina. „Opet vi", obratio se Jasminki nadmeno. „Dobro je on i prošao, mogli smo ga mi malo prebrati po leđima tokom noći", reče policajac podignute glave.

„Pa vi bi to i uradili da ovdje nije bio SFOR i da ne znate da ima britansko državljanstvo", reče Jasminka.

Jasminka je uspjela da vidi gdje je kuhinja, ušla je unutra i nabrzinu napravila čaj. Edvin je popio čaj i pogledao u Jasminku. „Ne boj se, mama, ne boj se, sve je u redu", reče Edvin.

Po povratku kući Jasminka se osjećala beznadežnom i sva u očaju. Komšije oko nje su je smatrale majkom mudžahedina i potpuno je ignorirali. Niko nije pokucao na vrata da je utješi. Gledala je u praznu Edvinovu sobu i tamo našla jedan konopac. „To je sve što mi je ostalo", pomisli s uzdahom. Nazvala je Mersihu, pobožnu osobu, koja se bavila čitanjem sudbina ljudi uz pomoć Kur'ana. Jasminka je često išla kod nje nadajući se nekoj pomoći za Edvinovu bolest.

−„Joj, Mersiha", izusti s uzdahom Jasminka kada je čula njeno javljanje preko telefona.

Mersiha je već sve znala o njima i čula je teške optužbe preko sarajevskih medija. Odmah joj je prošlo kroz glavu šta Jasminka namjerava.

−„Da se nisi usudila, Jasminka, imaš dijete kome treba pomoć", odgovori Mersiha pomalo panično.

Slijedli su minuti ubjeđivanja i odvraćanja, dok Jasminka, onako klonula, nije spustila slušalicu. Jasminkin advokat je vodio pravnu borbu mjesecima da dokaže da je Edvin bolestan i da je taj incident s pomoćnikom popa uradio u neuračunljivom stanju, u stanju relapsa izazvanog neuzimanjem lijekova tih

dana. Kada je to uspio, Edvin je iz zatvora prebačen na psihi-
jatrijsku bolnicu na Sokocu. Od tamo su ubrzo počele dolaziti
poruke zabrinutih ljekara Jasminki.

„Vodite Edvina odavdje, pojest će ga mrak" – bile su na-
jčešće poruke. Ljekari su ljekari i većina se drže se Hipokritove
zakletve. Poruke su bile dobronamjerne i iskrene. Nešto se
spremalo Edvinu i moralo se hitno nešto poduzeti da se on
prebaci u bolnicu u Sarajevu.

Mediji iz entiteta Republika srpska su bili još oštriji,
nadovezivali su izmišljene priče o zlom mudžahedinu koga su
Arapi preko Londona poslali u Bosnu. Tražili su njegovo proce-
suiranje bez odlaganja. Najžešći je bio neki časopis pod imenom
„Patriot". Da bi to zaustavili, Esad i Jasminka su napisali pismo
tom časopisu opisujući istinu ko je zapravo Edvin, da je razvoju
njegove bolesti doprinio i rat, jer u tim osjetljivim godinama
kada su meci prolazili kroz prozor njegove sobe nije mogao sh-
vatiti zašto neke čike žele da ubiju njega i njegove roditelje. Sve
to ga je, na neki način, i gurnulo u adikciju ka kanabisu, kada
je bio još nedorastao da shvati šta se sve dešava oko njega.
Za divno čudo, „Patriot" je objavio njihov demant i od tada su
optužbe prestale, prvo u entitetu Republika srpska, pa onda i
u ostatku Bosne. Neki su se očito osjećali posramljenim što su
bolesnom djetetu stavili metu na čelo.

Jasminka je često išla u posjetu Edvinu na Sokolac i usput
molila ljekare da ga prebace u Sarajevo. Tu joj je pomagala i
Esadova sestra Emira. Opasnost po Edvinov život je bila re-
alna, a time i napori da se Edvin spasi su postali imperativ.
Na kraju, šefica psihijatrije na Sokocu, Jasminkina kolegica sa
fakulteta je pristala i Edvin je prebačen na psihijatrijsko odjelj-
enje bolnice na Koševu. Tu je pomogla i istina koja je izašla u
javnost, ali i nalazi domaćih doktora koji su potvrdili dijagnozu

iz Londona. Bitka za Edvinov život je bila dobijena, ali ne i sve muke Edvina i porodice koje su slijedile kasnije.

Jasminka je po prvoj vijesti od njenog odvokata da je Edvin prebačen na psihijatriju u Koševsku bolnicu u Sarajevu odmah krenula da ga posjeti. Srce joj je ubrzano kucalo. Edvin više nije u životnoj opasnosti i bliži joj je, lakše će ga biti posjećivati. Bilo je oko 6 sati popodne, vrijeme kada su redovne posjete već bile završene. Na ulazu je bio portir, neka vrsta osiguranja ko ulazi, a ko izlazi iz bolnice. Ispred nje još jedna zabrinuta majka pokušava ući u bolnicu. Prepirala se s portirom koji joj to nije dozvoljavao.

−„Molim vas, pustite me samo na 10 minuta, dolazim iz Mostara, a autobus je kasnio", preklinjala je žena.

−„Ne mere, dođi sutra", reče portir podižući obrvu.

−„Pa, molim vas, kakav ste vi to čovjek?!", reče opet žena molećivo.

−„Kakav?", reče portir. „Mi portiri i šumari smo najbolji ljudi na svijetu. Dajte nama državu da je vodimo pa će svuda teći samo med i mlijeko", reče portir smrtno ozbiljan i podignute glave kao da je general.

− „Pa, molim vas", reče žena opet molećivo.

−„Gospoja, ja sam vam ovdje sada poslije 5 sati bog otac, niko bez mog odobrenja ne može proći", reče portir sliježući ramenima.

−„Aha, bog otac, trebali ste odmah reći", reče žena vadeći 5 maraka, pružajući ih portiru.

−„Niste trebali", reče portir stavljajući ih žurno u džep, klimajući glavom ženi, dajući joj znak da prođe.

Jasminka ga je gledala ne znajući šta će sada s njom biti.

−„Hajte i vi, gospoja, i drugi put dođite u vrijeme posjete", reče portir Jasminki gotovo očinski, vidno smekšan.

Edvin je dočekao svoju dragu mamu raširenih ruku i sa širokim osmijehom. Osjećao je kao jedinog iskrenog prijatelja na svijetu koji ga nikada neće izdati. U njoj je vidio jedini izvor snage i iskrenu podršku da preživi sve što ga je snašlo. Sada su mogli bez straha ćaskati do mile volje. U bolnici je imao sve što mu treba: pažnju, lijekove, medicinske tehničare, sestre, hranu, sve osim kanabisa, za njega jedinog „lijeka" koji ga je odvajao i spašavao od brutalnosti spoljnjeg svijeta.

Chapter 26

POVRATAK U LONDON

Svima u porodici postalo je jasno da u Bosni nemaju šta da traže, čak i Edvinu koji je s toliko entuzijazma i ljubavi pohrlio u svoj rodni grad. Njegova Meliha sada pripada nekom drugom, njegov rodni grad također pripada nekom drugom, drugovi se razišli, pametni zašutjeli, a fukare progovorile. Došla su zla vremena pljačke društvene imovine koja je pripadala građanima koji su je stvorili. Uništeni su privredni giganti „Energoinvest", „Unis", „FAMOS", „Hidrogradnja", „Šipad" i mnogi drugi. Radnici su ostali bez posla, a patrioti koji su odbranili šta su mogli svedeni su na prosjački štap. Na vlast su došli najgori među njima, nacionalisti, fašisti, sljedbenici raznih udruženih zločinačkih poduhvata presuđenih od strane sudova u Hagu, preobučeni četnici, ustaše i petokolonaši te razni kriminalci, mafijaši, tajkuni i oportunisti, koji su s takvima pravili koalicije na vlasti.

Bosna i Hercegovina je opet postala tamni vilajet u kome je sad umjetnost bila preživjeti ne samo siromaštvo i obespravljenost običnih ljudi, već i brutalnost vlasti i njihovih plaćenih režimskih medija. Zavladala je strahovlada. Ko god je šta progovorio protiv takve vlasti, ostajao bi bez posla. Dešavala su se i politička ubistva onih koji bi bili opasnost za takvu vlast. Akademik Sulejman Redžić, predsjednik Asocijacije nezavisnih intelektualaca „Krug 99", usred dana je uhvaćen u Sarajevu, odveden na lokalitet Lapišnice pored puta Sarajevo–Pale i tamo ubijen. Bila je to poruka intelektualcima da šute. Prije toga desila su se ubistva Nedžada Ugljena i Joze Leutara, „nezgodnih" svjedoka. Mafija, četnici, ustaše i petokolonaši su dobili svoju državu, razdrobljenu u tri dijela u kojima su vladali samoproglašeni oligarsi, „zaštitnici naroda". Izbori su bili samo farsa, jer su pobjednike birali oni koji su brojali glasove, a ne oni koji su glasali. Dejtonski mirovni sporazum je donio samo prividni mir, ali i sve uslove da na vlast dođu sile mraka i satane. Nagradio je one koji su vršili agresiju na državu Republiku BiH, počinili zločine i genocid i nametnuo nedemokratski ustav žrtvi njihove agresije, na sličan način kako je Hitler nametnuo armistic okupiranoj Francuskoj Trećoj Republici.

Ipak, valjda prirodno, među običnim svijetom još uvijek je postojao iskonski osjećaj tradicionalnog poštivanja drugog i drugačijeg, što je onemogućivalo nacionalistima na vlasti da ponovo, uz pomoć svoje gebelsovske propagande njihovih režimskih medija, zatruju inače do tada civilizirano bh. društvo. Ponovo su se počeli javljati sve češće i češće primjeri sklapanja prijateljstava i pomaganja između građana različitih etničkih i vjerskih grupa. Narodi su shvatali da su bili uvučeni u rat po zamisli nekog drugog izvan Bosne i Hercegovine i da su im samo poslužili kao topovsko meso u stvaranju nekih njihovih bolesnih ekspanzionističkih velikodržavnih ciljeva. Narod je bio svjestan da oni u Bosni imaju ono što mnogi u svijetu nemaju, a to je bogatstvo u razlikama, bogatstvo različitih kultura i religija, što je bio i glavni razlog da je Sarajevo bio kulturni centar bivše Jugoslavije. Zapravo, do izbijanja agresije na Republiku BiH, Evropa je mogla štošta uzeti za primjer baš iz Bosne, kada spominje svoje evropske vrijednosti. Kako vrijeme prolazi, taj osjećaj i ta svijest raste širom države, što znači da će prije ili kasnije silama mraka doći kraj. Ipak, stanovnici Bosne i Hercegovine, ma kako se oni danas osjećali i izjašnjavali, potječu od jednog istog naroda, koji je sebe u srednjem vijeku zvao dobri Bošnjani. I znaju da nikada rat u Bosni nije nastao zbog unutrašnjih protivrječnosti, već je sve do jednog uvezen sa strane, uključujući i ovaj posljednji.

Jasminka i Edvin su se vratili u London. Porodica je ponovo bila na okupu. Edvin je dobio socijalnog radnika koji ga je povremeno obilazio i davao mu lijekove. Još uvijek Edvin nije htio sam da ih uzima. On je sebe smatrao zdravim i malo drugačijim. Ocu nikada nije oprostio što ga je poslao u bolnicu. Sve više je nastojao da on sam postane glava kuće pokušavajući da nametne neka svoja pravila ponašanja, neka od njih i veoma čudna. Nekoliko puta bi izazvao tuču s Esadom i Ernestom, nakon čega bi završio u bolnici, gdje nije ostajao dugo. Politika Zdravstvenog sistema Britanije bila je da psihijatrijske pacijente treba držati van bolnice, što zbog troškova, što zbog ideje da će se bolje osjećati u krugu porodice. Esad i Ernest su se morali ponovo iseliti. Dolazili bi kući samo preko vikenda.

Jedan dan Edvin je izašao iz kuće i nije se vraćao. Dani i sedmice su prolazili, a od njega ni traga ni glasa. Bio je spominjao ranije da želi otići u inostranstvo i činilo se da se upravo to desilo. Socijalni radnik je obavijestio Zdravstvenu instituciju i vladinu organizaciju Socijalne sigurnosti da je Edvin nestao. Tako je ostao i bez vladine finansijske podrške, koju je redovno do tada primao. Porodici je bilo jasno da je Edvin negdje u svijetu, bez igdje ikoga, bez novca i bez krova nad glavom. Srećom, još uvijek je bilo ljeto, ali ni zima nije bila daleko. Zebnja i strah su se uvukli u srca svih članova porodice, ali i šire rodbine. Hoće li preživjeti? Prijavili su njegov nestanak policiji i zamolili da ga Interpol traži. Slijedili su dani puni neizvjesnosti i čekanja.

Chapter 27

MADAM SHAMRA

Za porodicu su dani izgledali kao godine. Osluškivali su svaki šum na vratima nadajući se da će se Edvin pojaviti. Pratili su novine i vijesti na televiziji, ali nikakve vijesti nije bilo. „Ko bi nam mogao pomoći", mislili su. Jedino što je ostalo su brojni „Psychic Spiritual Medium" vrsta spiritualnih medija, predskazivaći budućnosti i čitači sudbine, koji su se oglašavali putem mnogih medija. Mnogi od njih su se odazvali na pozive i tvrdili da je Edvin navodno živ i zdrav.

Jedan oglas im je privukao pažnju. Radilo se o Madam Shamra, koja je sebe predstavljala kao osobu koja može da komunicira na distanci telepatijom s izgubljenim osobama uz pomoć upaljene svijeće. Ni Esad ni Jasminka nisu bili lakovjerni, znali su da tu nema ništa racionalno, ali ipak, dijete je u pitanju, šta ako stvarno mogu na taj način bilo šta otkriti. Cijena usluge je bila prihvatljiva, a Madam Shamra je tražila da imaju sastanak uživo kod njene kuće.

Bio je sunčan ljetni dan u Hounslowu, jednom od predgrađa Londona. Ulice su bile pune prolaznika, autobusi i brojni automobili kretali su se polagano ulicama. Hounslow je bio dio Londona poznat po stanovnicima koji su porijeklo vukli iz Indije, Pakistana, Afrike, Azije i brojnih zemalja svijeta. Tu su se nalazili i budistički templovi, džamije, crkve i jevrejske sinagoge. Po svojoj multikulturalnosti u mnogome je podsjećao na Sarajevo. Svi su se u tom predgrađu osjećali ugodno, bogatstvo kultura ih je činilo punijim i na neki način život je izgledao interesantniji u poređenju s predgrađima koja su bila više-manje monoetnična.

Kuća Madam Shamre je bila dvospratna, a na gornji sprat su vodile vanjske stepenice. Madam Shamra je dočekala Jasminku i Esada otvorenih vrata s osmijehom. Bila je to srednjovječna osoba, crne kose, crnih oštrih očiju, s figurom i izgledom tipčnim za osobe iz istočne Evrope. I zaista, njeno porijeklo je bilo iz Transilavnije, jednom od regije centralne Rumunije. Uvela ih je u manju sobu. U sredini sobe je bio sto sa svijećom na stolu i stolicama oko stola. Madam Shamra nas je pogledala prodorno i uplila svijeću u koju je usmjerila pogled neko vrijeme. Zatim je pogledala goste i obratila im se riječima:

−„Vi ste par koji ima dvoje muške djece. Jedno dijete vam je izgubljeno i vi tragate za njim.“

Jasminka i Esad se zgledaše, tu informaciju joj niko nije mogao dati prije, a bila je potpuno tačna. Esad je pogleda iznenađeno i upita:

−„Tačno je, a znate li gdje je i je li živ?“

−„Živ je, ali ja ga moram pratiti, čuvati i učiniti da vam se vrati“, reče Madam Shamra uzdignute obrve. Ničim nije odavala da ne vjeruje u to što upravo govori. „Pored njegove glave vidim broj dva, to može značiti bilo šta: vrijeme kad će se vratiti, vrijeme kad će nestati ili cijenu koju treba platiti“, reče Madam Shamra gledajući ih manje-više ravnodušno.

–„Do vas je", reče, „svako ima troškove života i račune da plati, ja vas ne nagovaram ni na šta."

–„Možete li nam reći gdje je?", upita Jasminka s izrazom lica punim nade.

Madam Shmara se zagleda u svijeću ponove: „Vidim oko njega neka brda, more i neku rijeku. Ne bih vam znala reći gdje je tačno."

–„Izgleda li zdrav?", pita Esad.

–„Ne bi se reklo da je bolestan, ali treba mu neko da ga čuva i vodi, tumara okolo bez ikakvog cilja", reče Madam podižući pogled. „Do vas je, mislim da ga mogu sačuvati i vratiti nazad", reče s upitnim pogledom, koji uopće nije odavao nesigurnost.

Broj dva je značio 2000 funti. Nije bila mala suma, ali pitanje je bilo koliko se može vjerovati vračari iz Transilvanije. „Možda ipak vještice postoje, a, ruku na srce, i liči na vješticu", pomisli dižući obrvu. „Šta je život, ko smo zapravo mi i šta je svrha života uopće?", zamisli se Esad i pogleda Jasminku. Ona je već odlučila – sve za Edvina, pa makar bio promil istine u svemu šta Madam Shamra kaže. „Možda ipak postoje ljudi s telepatijom i sposobnostima da predvide budućnost", pomislila je i klimnula glavom dajući znak Esadu.

–„Prihvatamo", reče Esad, „počnite da ga pratite, mi ćemo ponovo doći za sedam dana."

Bio je to tračak nade, a nada je bila sve što im je ostalo. Kod kuće je bila atmosfera tuge, nade i iščekivanja. „Možda je otišao na Gran Canaria, tamo je prije par godina otišao s drugovima i radio kao PR u jednom disko-klubu", pomisli Jasminka. Slijedili su traganje za imenom disko-kluba i brojem telefona. Na sve upite dobijali su odgovor da Edvin nije tamo. Postojala je ipak mogućnost da je našao posao u nekom drugom klubu, na istom ostrvu.

Edvin je često dolazio u san i Esadu i Jasminki. Noć pred slijedeću posjetu Madam Shamra, Esad ga je sanjao kako se davi u nekoj rijeci i kako mu neka žena crne kose prilazi i odvlači na obalu. Ernest ga je sanjao kako se vraća kući i kako se bratski grli s njim. Pusti snovi, samo je to ostalo.

Madam Shamra im je opisivala Edvinova lutanja po nepoznatoj zemlji tokom nekoliko posjeta. Tokom zadnje posjete, gledajući u svijeću, rekla im je: „Bio je u velikoj opasnosti, davio se u rijeci i tom prilikom izgubio torbu koju je imao na leđima, sada nema nikakvih dokumenata kod sebe“, reče Madam.

Esad je pogleda iznenađeno: „I ja sam sanjao da je u nekoj rijeci i da ga je neka žena crne kose odvukla do obale.“

–„A šta mislite ko je bila ta žena?“, upita Madam Shamra. Esad se zamisli. „Vi?“, upita zbunjeno.

–„Pa, znate i sami, znate šta smo se dogovorili“, reče Madam Shamra naginjući se prema Esadu. „Da li još uvijek sumnjate u mene?“, upita podižući obrvu, a crne oči poput nekog orla prodorno su gledale u Esada.

–„Znate, dragi prijatelji, vi imate i drugo dijete, nad njim se također nadvila velika opasnost“, reče Madam Shamra sliježući ramenima.

Esad i Jasminka se zgledaše. „Kakva opasnost?“, upitaše istovremeno.

–„Ne mogu vam reći sada, dragi moji, ali pored njegove glave vidim broj pet", reče Madam Shamra.

–„Ako je i vještica, nema dušu", pomisli Esad.

–„Razmislit ćemo", reče Jasminka. „Molim vas, sada se fokusirajte na Edvina."

Postajalo je jasno da ih Madam Shamra želi odvući u propast koristeći njihovu tragediju i tugu. Znala je da bi roditelji za svoje dijete dali sve pa ako treba i prodali kuću da ga spase.

„Bila vještica, vračara ili bilo šta, ovo nije put, ovo se mora prekinuti", pomisli Esad.

Porodica je odlučila da se sada pouzda u sebe. Odlučili su da sami krenu u potragu za njim. Prvo će Jasminka i Ernest otići na Gran Canaria i tražiti ga, a potom će Esad otići na Palmu, još jedno ostrvo koje je Edvin često spominjao.

Chapter 28

TRAGANJE

Vrijeme za putovanje se primaklo. Bilo je ljeto, Ernest je bio na školskom raspustu, a Jasminka je uzela godišnji odmor. Prva destinacija je bila špansko ostrvo Gran Canarie, mjesto gdje je Edvin zadnji puta bio sa svojim prijateljima. Gran Canaria se nalazi u dijelu Atlantika poznatom kao Macaronesia. Geografski, ostrvo je dio afričkog kontinenta, ali sa historijskog i sociokulturnog gledišta, ostvo se transformiralo kao potpuno evropska regija.

Let je trebao biti sa aerodroma Gatwick do aerodroma u Las Palmasu. "Las Palmas de Gran Canaria" je najveći aerodrom u putničkom i teretnom saobraćaju na Kanarskim ostrvima. Aerodrom se nalazi u blizini Teldea, u zalivu Gando, oko 20 kilometara od centra grada Las Palmas de Gran Canaria i isto toliko od Maspalomasa, jednog od najvažnijih turističkih centara Gran Canarie. Let do Gran Canarie je trajao oko 5 sati, a vožnja autobusom do turističkog mjesta Maspalomas oko pola sata.

Postojali su mnogi mitovi vezani za ovo ostrvo u Atlantiku, gdje su mnogi rani stanovnici vjerovali da je ostrvo dio izgubljene zemlje mitološke Atlantide. Drugi su smatrali da su Kanarska ostrva mjesto magičnih i mističnih ostrva sreće iz keltske i grčke mitologije. Vjeruje se da je Gran Canaria već bila naseljena oko 500 godina prije Krista. Jedna široko prihvaćena teorija je da su starosjedioci Gran Canarie potomci Berbera iz Afrike.

Jasminka i Ernest su stigli do hotela u Maspalomasu, živopisnom gradiću punom turista. Putovanje ih je iscrpilo. Tuširanje, večera i kafa su bili prioritet da bi došli sebi nakon dugog putovanja. Izašli su na balkon hotelske sobe i bacili pogled na grad. Muzika se čula iz obližnjeg restorana. Ljudi, turisti, ležerno su šetali ulicama. Grad se spremao za večernju zabavu i provod. Bio je to vidljivi kontrast između ambijenta u kome su se našli i traume i zebnje koju su osjećali. "Da je sreće da je Edvin ovde s nama ili da ga pronađemo pa da svi skupa odemo na plažu i uživamo", prođe Jasminki kroz glavu.

Jutro na ostrvu je izgledalo kao u bajci. Okolni brežuljci su bili okićeni palmama i cvijećem, a more okupano suncem. Miris mora je ih je podsjećao na Jadransko more, na kome su nekada svi skupa ljetovali i provodili sretne dane. "Bože, šta nam uradiše fašisti sa Balkana, dao Bog da se prže u paklu", pomisli Jasminka i pogleda u Ernesta, koji se pripremao za put. Ernest je bio u tinejdžerskim godinama, patio je za izgubljenim bratom, ali je pokušavao da to ne pokazuje. Nada je ipak postojala, ako nema vijesti, to bi mogla biti i dobra vijest. Oboje su obukli tene i laganu odjeću. Sunčane naočale su im trebale štititi oči od sunca, a kape da ne izgore u licu od jakog sunca. Korak po korak, krenuli su od kafane do restorana i disko-kluba pokazujući Edvinovu sliku konobarima za šankom gdje god su ulazili. Sjetili su se i taksista, ako iko zna, onda su oni uvijek i svugdje na svijetu na izvoru informacija. Kome god su se obraćali, ljudi su ljubazno pokazivali interes, dugo gledali u sliku i onda odmahivali glavom. Sve je manje nade bilo da je Edvin stigao na Gran Canarie. Prolazili su dani i noći, ali traganje nije davalo nikakve rezultate. Jedne večeri šetali su glavnom ulicom Maspalomasa. Pored brojnih radnji i restorana i slobodni slikari su tražili svoju šansu prodajući slike i portrete, koje su slikali na licu mjesta. Portreti koje su pravili su bili zaista vjerna slika onih koji su se slikali. Često su pravili i živopisne slike prirode koristeći razne sprejeve u bojama. U nizu od desetak slikara, koji su jako pokušavali da uspostave komunikaciju s posmatračima oko njih, nudeći im svoje slike, bio je i jedan koga izgleda kupci nisu puno zanimali. Sjedio je sam, pognute glave i nešto slikao, kao da je izgubljen u prostoru i vremenu. Činilo se da ne primjećuje ni prolaznike ni potencijalne kupce. "Ovaj mora da je naš, Bosanac", pomisli Jasminka i priđe mu.

−"Koliko košta ova slika?", upita Jasminka na bosanskom jeziku.

Čovjek je pogleda pomalo iznenađeno i izusti tiho: "5 eura", također na bosanskom jeziku.

- "Odakle si?", upita Jasminka znatiželjno.

-"Iz Doboja", reče čovjek, "a vi?" "Iz Sarajeva", reče Jasminka ne znajući šta bi s njim i šta bi sa sobom u ovom čudnom susretu.

-"Sretno", reče Jasminka i lagano krenu niz ulicu. Čovjek je isprati pogledom i opet sagnu glavu uzimajući kist u ruku.

Dani su prolazili, a od Edvina nije bilo ni traga ni glasa. Vjerovatno nije na Gran Canarie, a, i da jeste, tražiti ga na desetinama plaža i ogromnom broju restorana i hotela izgledalo je kao tražiti iglu u plastu sijena. Jasminka i Ernest su potišteno krenuli nazad u London.

Sada je bio red na Esada da pokuša nešto, jer od policije nisu dobijali nikakve poruke. Prva na listi destinacija je bila Palma de Mallorca, glavni grad pokrajine Balearskih ostrva u zapadnom Sredozemnom moru. Grad leži na jugozapadnoj obali ostrva Mallorka u centru zaliva Palma, širokog oko 16 km. Postao je dio španske monarhije u 15 vijeku. Stare četvrti Palme imaju mnoge značajne, prekrasne zgrade izgrađene još u 16. i 18. vijeku, kao što su gotička katedrala i dvorac Bellver. Postoji bezbroj prekrasnih plaža od bijelog pijeska na ostrvu, sa preko hiljadu kilometara obale na raspolaganju. Među najpoznatijim su plaža Anguila i plaža Arenal De sa Canova za ljubitelje divlje, netaknute prirode. Možda se Edvin skrasio baš tu, jer je uvijek obožavao netaknutu prirodu. Esad je ponekad išao tamo na godišnji odmor zajedno s Jasminkom, a ponekad i sam. Obožavao je čisto kristalno more, morski zrak i zabavu na ostrvu. I Edvin je često spominjao da bi rado išao na Balerska ostrva s drugovima.

Esad je bukirao sobu u hotelu "Amic Horizonte", koji se nalazio relativno blizu plaže "Cala Major", s pogledm na Palma zaliv i luku "Puerto de Palma". Po dolasku na recepciju hotela dočekao ga je ljubazni recepcioner i nakon pregleda liste gostiju potvrdio da je buking u redu, ali da nažalost nema slobodne sobe. "Ali, ne brinite, senor", rekao je recepcioner, "izvinjavamo se zbog ovoga, ali mi vodimo računa o svakom gostu." Potom je objasnio da je hotel rezervirao sobu za njega u drugom obližnjem hotelu i da će ga taksi odbaciti tamo. Uskoro je stigao taksi s veoma govorljivim taksistom, koji je usput objasnuo Esadu neke znamenitosti grada kroz koji su prolazili. Po dolasku u drugi hotel, "Castillo Hotel Son Vida", smješten na zapadnom dijelu grada, Esad je bio iznenađen luksuznim interijerom i zavidnim ukusom kako je hotel uređen. Recepcioner mu je rekao da se izvinjava zbog neugodnosti i da kao kompenzaciju nude Esadu "all inclusive" servis, što je značilo i besplatnu hranu tokom cijelog dana. Nije čudo da imaju na stotine hiljada gostiju godišnje s ovakvim kvalitetom usluge. No, Esadu je bio prioritet tragati za sinom, a ne luksuzni provod.

Odmah ujutro, nakon doručka dao se u potragu noseći Edvinovu sliku sa sobom. Posjetio je obližnju policijsku stanicu moleći da mu pomognu. Obećali su da će uraditi pretragu. Pored toga, krenuo je i sam po obližnjim restoranima, noćnim klubovima i plažama. Uglavnom, ljudi bi se zagledali u sliku i odmahivali glavom. Pomislio je: "Taksisti su u svakom dijelu svijeta najbolje informirani, pokušat ću s njima." Ubrzo je naišao na taksi-stanicu i prišao prvom taksisti. "Izvinjavam se, jeste li vidjeli ovog momka?", obratio mu se na engleskom jeziku, pokazujući sliku. Taksista je po govoru tijela shvatio šta ga Esad pita. Zagledao se u sliku i odgovorio na španskom jeziku.

"Lo siento, no lo hice", što je značilo: "Žao mi je, ali nisam." Čovjek očito nije znao engleski, a Esad nije znao španski, ali odmahivanje glavom je bio jasan odgovor.

"Da probam ovako", pomisli Esad. "Znate li neki disko-klub ili night-club u blizini?"

"No, lo entiendo", odgovori taksista, što je značilo: "Ne razumijem."

Esad se nije predavao, pokušavao je na drugi način: "Dancing, ladies, drinks?", upućujući upitni pogled.

"Aaa, senorita", reče taksista pokazujući rukama obline grudi.

"OK, da", reče Esad nadajući se da je taksista razumio šta ga pita.

Taksista ga je pozvao u taksi i uskoro su kružili gradom punim prolaznika, turista i stranaca. Ubrzo je taksi stao na jednoj uzvisini pored kuće s prostorijom koja je izgledala kao neki noćni bar. Taksista je prvi ušao unutra i objasnio gazdi da ima nekog ludog Engleza koji bi da povali jednu od njegovih senjorita, koje su bile tu pružajući razne "escort" usluge. Ne znajući za sve to, Esad je krenuo unutra i sjeo za šank bara, tražeći neko piće. Gazda mu je objasnio da je piće za njega 4 eura, a za senjoritu 17 eura. Esad se osvrnuo oko sebe zbunjeno, nije imao nikakvu senjoritu pored sebe, bar ne u tom trenutku.

Ubrzo je dobio demant. Jedna senjorita mu je prišla, nagela se prema njemu s obaveznim "Hola", što je značilo "Zdravo".

„Hm", pomisli Esad, „sad mi je jasno gdje sam došao."

„Hola", uzvrati Esad, „hoćete li nešto popiti?", pitajući je na engleskom jeziku i izgledalo je da razumije.

Naručila je neko piće, koje je zvučalo kao španskua verzija gin i tonik koktela. Esad je sačekao da popije prvi gutljaj, a onda joj se obratio.

"Jeste li vidjeli ovog momka, to mi je sin?", upita Esad pokazujući joj sliku Edvina.

Sinjorita se zgleda i odmahnu glavom, ali nije propustila da doda: "Zgodan je kao i otac mu", smijući se zavodljivo.

Uslijedilo je ćaskanje o svemu i svačemu, ko je ko i kako je dospio tamo. Kada se senjorita dovoljno zagrijala poslije trećeg pića, nagnula se prema Esadu i šapnula:

"Na spratu imam sobu, sat vremena će vas koštati samo 100 eura", reče i pogleda ga upitno.

Esad je pogleda, nije da nije očekivao takvo pitanje, ali nije zato došao u Španiju. Osim toga, bio je oženjen.

"Nemojte se ljutiti, lijepi ste kao španska princeza, ali nisam stvarno raspoložen za to", reče Esad i uze novčanik u ruke.

"Evo, popij još jedno piće, a ja moram ići", reče i krenu prema izlazu. Nije se okrenuo da vidi njen izraz lica, jer znao je da takvo odbijanje svaku damu na svijetu itekako razljuti.

–"Šta da radim?", pomisli. "Moje traganje puno ne obećava. Posjetit ću sutra policiju, da vidim, možda su dobili neku informaciju", pomisli i krenu niz ulicu ka centru grada.

Bila je noć i glavna ulica Palme je bila prepuna šetača. Sve radnje, restorani i noćni klubovi su bili otvoreni. Nije nedostajalo slikara i uličnih prodavača bižuterije. Sve je izgledalo kao neki film iz budućnosti, gdje je sve bilo dozvoljeno i ništa nije izgledalo čudno i nepotrebno. Ubrzo je naišao na grupu nativnih Indijanaca iz Amerike. Svirali su čuvenu pjesmu "El Condor Pasa", inače pjesmu Indijanaca iz Perua, prvi puta izvedenu od strane južnoameričke grupe „Los Incas". Zvučala je mnogo bolje nego prepjev iz 1970, urađen od strane grupe „Simon & Garfunkel", pod nazivom "Bridge Over Troubled Water". Bili su odjeveni u narodnu nošnju nativnih Indijanaca i svirali na narodnim instrumentima: fruli (bamboo flute), pan bambo fruli sa nekoliko bambo cjevčica spojenih u jedan duvački instrument (pan flute) i bamboo xylophonu. Esad se sjetio kako su ti isti Indijanci predstavljeni u kaubojskim filmovima, kao divljaci, urođenici, poluljudi. Ova predstava je odavala sasvim drugačiju sliku tog naroda, potpuno kulturnog i civilizovanog naroda s predivnom kulturom. Kamo sreće da i danas postoje regije širom Amerike gdje se očuvala njihova originalna kultura, tradicija, način življenja. Esad je kupio jedan CD-disk s njihovim pjesmama i krenuo dalje.

Mala je bila šansa da će iz niza šetača niz ulicu izroniti njegov Edvin. Vratio se u hotel, istuširao, legao i utonuo u san. Jutro nije ništa obećavalo. U policijskoj stanici su odmahivali glavom. "Ovdje na ostrvu nije, pokušajte negdje drugo", bivao je odgovor. Put nazad u London bio je deprimirajući. Prolazilo mu je kroz glavu: "Je li živ, je li gladan, gdje spava, s kim je?"

Chapter 29

INTERPOL

Par dana od nestanka Edvina, porodica je prijavila nestanak policiji. Nadali su se da će putem Interpola nekako doći do nekih informacija. Interpol pruža istražnu podršku i sigurnu komunikaciju između organa za provođenje zakona. Ako ga neko može pronaći, to je Interpol – bila je zadnja nada porodice. Esad se vratio u London vjerujući da bi Interpol nešto mogao uraditi. I, zaista, jednog dana došao je poziv od policije da posjete njihovu stanicu u Twickenhamu. Bio je to tračak nade koji su dugo čekali.

U policijsku stanicu su žurno otišli i Jasminka, Esad, Ernest i Jasminkina sestra Nermina, koja je tih dana bila u posjeti kod njih. Vijest je mogla biti i dobra i loša, i da je živ i da nije živ. Policija im je pokazala sliku momka zaraslog u dugu kosu i bradu. Bila je to slika Edvina, bez daljnje sumnje, bio je živ i negdje u priobalnom kontinentalnom dijelu Španije. To je sve što im je policija mogla reći. Jasminka je vriskala, ljubila sliku i uzvikivala: "Moj Edvin, moj Edvin!" Cijeloj porodici su lica bila ozarena od sreće. Najvažnije je da je živ, a nekako će se već pronaći.

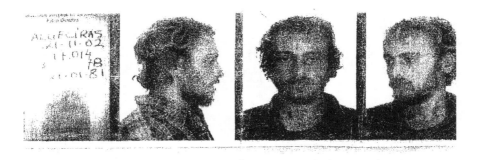

INTERPOL-ov fascimile iz Španije, Algeciras 21.11.2002

Esadova sestra, Beba, imala je apartman u Malagi gdje je provodila svoje penzionerske dane sa suprugom Ramonom. I to je bio kontinentalni, priobalni dio Španije. Porodica se nadala da će im Beba pomoći i tu nije bilo dileme. "Prvo ćemo pretražiti Malagu i dio oko Malage, jer je Edvin znao da ima tetku tamo i možda je bio u blizini, mislili su. Po prirodi, Edvin je bio ponosan i skoro nikada nije tražio pomoć od bilo koga, ali, ipak, možda je u blizini.

Beba je stanovala u naselju Benamaldena, koje je bilo udaljeno desetak kilometara od Malaga aerodroma. U blizina je bila luka "Deportivo de Benamaldena", plaža „Malapesquera" i mnoštvo restorana i klubova. Porodica je pravila plan gdje da ga traži. Ako je u Malagi, onda treba tražiti prostor oko luke, jer je Edvin stalno spominjao da bi želio otići u Afriku i tamo se negdje izgubiti u pustinji i prirodi bez ljudi oko njega. Plan je bio da Esad prvi uzme dio godišnjeg odmora i pretraži Malagu.

Bila je jesen, ali za veliki dio Španije i dalje su bile ljetne temperature. Esad je stigao u Malagu, ovaj put sam, nadajući se da će prevrnuti sva moguća mjesta na kojima bi se Edvin mogao nalaziti. Najvažnije je da je živ, a po prirodi je snalažljiv i prilično sposoban da preživi. Takav je bio kada je bio zdrav, a sada sve je to pod upitnikom. Sestra Beba i zet Ramon su srdačno dočekali Esada. Shvatali su njegovu muku i bili voljni da pomognu. Ramon je prije par godina imao operaciju koja ga je sprečavala da dugo hoda, tako da je Esad računao samo na svoju snagu i sposobnost. Taj dan su dugo pričali šta im se sve desilo i kroz šta su sve prošli. Ovo je bio prvi slučaj u Esadovoj i Jasminkinoj porodici da je neko obolio od šizofrenije. Svi su krivili upotrebu kanabisa, kao i traume koje je Edvin imao i u ratu i tokom neuspjele adaptacije u Britaniji.

Edvina je napustio dio prijatelja u Bosni zbog rata i jezika mržnje koje su danima generirali mediji i nacionalistički nastrojeni političari. U Britaniji nije uspio stvoriti iskreni krug prijatelja u početku, jer nije poznavao engleski jezik. Stoga je bijeg u konzumiranje droge i kompjuterske igre bio izlaz, s djecom sa margine društva koja su također uzimala drogu.

Sljedeće jutro Esad je krenuo u traganje. Nosio je Edvinovu sliku sa sobom i pokazivao konobarima u brojnim restoranima u blizini luke. Raspitivao se i kod taksista i kod mladih ljudi na ulici. Ako je tu, neko ga je morao vidjeti. Nailazio je i na brojne osobe porijeklom iz bivše Jugoslavije. Tu u inostranstvu nije bilo mržnje među njima. I dalje su se družili kao i prije rata. Bio je to dokaz više da je rušenje Jugoslavije s ciljem stvaranje velike Srbije i velike Hrvatske bio projekat koji nije iniciran stoljetnom mržnjom kako su to propagirali Miloševićevi i Tuđmanovi lobisti i mediji. Kome se god Esad obratio, svako je shvatao njegovu muku i pokušavao da pomogne, ali uzalud. Krajem dana, umoran, sjeo je na jednu klupu u parku da odahne. Ali, ni to nije išlo bez problema. Dan je bio oblačan i kiša je počela padati u tom momentu. Kiša u priobalnom dijelu Španije nije uobičajena kiša kao u kontinentalnom dijelu

Evrope. Ona dolazi iznenada i prilično je jaka. Stiče se utisak kao da neko prosipa vodu iz kabla. Tu ni kišobran ni kabanica ne pomažu ako ste na otvorenom.

U par minuta Esad je bio mokar do kože. Čak su se i cipele natopile vodom, kao da je gazio po rijeci. „Moram kupiti nove, ove više nisu za upotrebu", pomislio je. Ušao je u prvu prodavnicu cipela na koju je naišao.

–"Hola", reče prodavač gledajući u Esada pokislog do kože.

–"Hello", reče Esad nadajući se da prodavač zna bar malo engleski jezik.

Prodavač ga pogleda s osmijehom. Nije mogao sakriti radost što je tamo neki Englez, stranac, pokisao do kože. Jedan dio Španaca baš i ne gotivi puno Engleze zbog historijskog spora oko Gibraltara. „Ovaj spada u tu grupu", pomisli Esad.

–"Želio bih kupiti cipele, broj 42", reče Esad.

–"Nema problema, sinor, izvolite, izaberite", reče prodavač nudeći mu nekoliko modela.

Esadu baš i nije bilo da biranja. Noge su mu bile potpuno mokre i promrzle. Važno je bilo samo da njegova "lička" noga može stati u španske cipele. Izabrao je jedan model i zatražio od prodavača da ih upakuje, a onda se sjetio da mu trebaju i čarape.

–"I čarape, molim, broj 10 do 12", reče Esad.

–"Koje ćete?", upita prodavač.

—"Bilo koje", reče Esad. Žurilo mu se da stigne kod sestre u stan što prije i da se presvuče.

—"Nema problema, sinor", reče prodavač i izgubi se za trenutak da nađe čarape.

Prodavač mu nabrzinu upakova i cipele i čarape, dok je Esad plaćao robu na kasi okrenut leđima prodavaču. Sačekao je da kiša prestane u jednom prolazu, a zatim taksijem stigao do sestre Bebe. Bio je još uvijek mokar i promrzao. Tuširanje toplom vodom i topla kahva su pomogli da se malo povrati. Pohvalio se Bebi da je kupio nove cipele i čarape i počeo ih otpakivati. Ispostavilo se da mu je prodavač uvalio ženske najlon čarape i to one dokoljenice, providne crne boje, koje obično nose „kraljice drumova". „Ovo ti je ono: jebi pa prolazi", reče Esad dok su se Beba i Ramon valjali od smijeha.

Sljedeći dan Esad i Ramon su krenuli zajedno da obilaze parkove gdje su se obično okupljali beskućnici, hipici i omladina sklona drogi i alkoholu. Ramon nije mogao dugo hodati, već je na izmaku snage samo uputio Esada na lokacije gdje su se ljudi bez krova nad glavom obično okupljali i spavali. Esad je nastavio sam, nada ga nije napuštala, ali bez uspjeha. Ni narednih sedam dana nije bilo ni traga ni glasa od Edvina i Esad je morao nazad u London. I Jasminka i Esad su bili zaposleni, tako da su koristili dijelove godišnjih odmora za traganje.

—„Vratit ću se ponovo s Jasminkom uskoro", pomisli Esad. Bila je jesen i morali su pronaći Edvina prije zime, da se ne bi negdje smrznuo na ulici.

Porodica je provela neko vrijeme u Londonu osluškujući ima li kakvih vijesti od policije. Jasminka je ubrzo dobila dvije sedmice godišnjeg odmora i oboje su ponovo krenuli u Španiju.

Sretna okolnost je bila da su imali Esadovu sestru i zeta u Španiji. Ovaj put su ga morali naći, bili su do kraja odlučni da se ne vraćaju bez njega. Esad i Jasminka su stigli u Španiju sredinom jeseni. Plaže su i dalje bile posjećivane od strane hipika, avanturista i ljudi željnih svježeg zraka i mirisa mora. Ramon im se ponudio da idu skupa u policiju, jer poznavanje španskog jezika može biti od koristi. Ramon je poticao iz Galicije, a sebe je smatrao pripadnikom Gallego etničke zajednice i to je s ponosom isticao. Tako se i predstavio policiji u Malagi smatrajući da će tako dobiti više pažnje. Policija nije imala odgovor gdje je. Potvrdili su da je bio tu kod njih, da je ispitivan i držan par dana, ali ne znaju gdje je sada. Rekli su da vjeruju da je još prije hapšenja i privođenja poderao pasoš i da je njegov identitet ostao nepoznat. Nisu ga mogli deportovati, jer nisu znali odakle je. Jasminka je izvadila iz torbe sve slike koje je imala i tražila od prisutnih policajaca da dobro pogledaju. Nakon mnogo propitivanja, gdje Ramon nije odustajao, jedan policajac se zagledao dobro u sliku i rekao da mu se čini da je osoba s takvim izgledom bila privođena i u policijsku stanicu u mjestu zvanom Facinas blizu Tarife. Konačno neki trag!

Esad i Jasminka su potom iznajmili auto iz obližnje agencije i krenuli ka tom mjestu. Od Malage do lučkog grada Algeciras vodio je novi autoput, a od Algeciras do Tarife postojao je lokalni autoput duž same obale Sredozemnog mora. U mjestu Tarifa je moreuz zvani "Estrecho de Gibraltar", koji dijeli Atlantski okean od Sredozemnog mora i tu je zapravo najkraći vodeni put između Evrope i Afrike. To je i razlog što se mnogi avanturisti i zaljubljenici raznih putovanja po svijetu koncetriraju oko morskih luka u Algecirasu i Tarifi. Bilo je vrlo lahko moguće da je i Edvin izabrao baš ta mjesta, jer je žarko želio putovati u Afriku.

Selo Facinas se nalazilo negdje u sredini između Tarife i priobalnog gradića Conil de la Frontera, na obali Atlanskog okeana. Od glavnog autoputa do sela vodio je uski seoski put dužine otprilike jedan kilometar. Pri ulasku u selo naišli su na jednu tipičnu kafanu. „Da krenemo odavde", reče Esad, parkira auto i njih dvoje uđoše u kafanu. Za lokalne goste njihov ulazak je bio kao da dolaze sa druge planete. Svi su se u kafani znali međusobno, samo su Esad i Jasminka bili rijetki stranci, koji obično zaobilaze to mjesto. Pratili su ih radoznalim pogledom od vrata do stola gdje su se udobno smjestili. Mora da su se pitali šta traže ovo dvoje u ovoj „vukojebini".

Naručili su piće i usput pokazali konobaru Edvinovu sliku. Konobar su duboko zagledao, odmahnuo glavom, a zatim otišao do jednog stola gdje je sjedio sredovječni čovjek i s njim nešto popričao. Čovjek se okrenuo, pogledao Esada i Jasminku i prišao do njihovog stola. Nije znao engleski jezik, ali im je nekako rukama i na španskom jeziku pojasnio da je on policajac i da im nudi da ih povede u lokalnu policijsku stanicu, gdje se mogu dalje raspitati. Bio je to ljubazan gest koji su i Esad i Jasminka jedva dočekali.

Njih troje su izašli iz kafane, sjeli u auto i odvezli se do policijske stanice. Lokalni policajac im je pokazivao put i usput nešto pokušavao reći na španskom. Uglavnom su slijedili pravac koji im je policajac pokazivao rukom. U policijskoj stanici su, srećom, imali policajca koji je znao engleski jezik. Upoznali su komandira stanice s tim šta žele.

Komandir je zatražio da se pretraži arhiva svih lica privođenih u toku godine. Nakon desetak minuta nije pronađeno ništa što bi odgovaralo Edvinovom opisu. Jedan od policajaca je spomenuo da je momak koji odgovara opisu sa slike i za koga vjeruje da je bio on pokupljen na ulici od strane policijske patrole, a potom odveden na mjesto koje je on tražio. Radilo se o obližnjem brdu. Edvin je često želio biti sam negdje u prirodi gdje je meditirao, tako da je ta izjava izgledala vjerodostojna. Komandir stanice ih je savjetovao da obilaze obližnje plaže, jer se ponekad emigranti skrase na plažama i tamo spavaju. Bilo je to veliko razočarenje. Toliko su nade imali u tu informaciju iz Malage.

Iz Facinasa su krenuli autom ka obližnjim plažama. Prvo su namjeravali pretražiti plažu „De Bolonia", u istoimenom zalivu, smještenu blizu Tarife. Bolonia je primorsko naselje i plaža u u južnoj Španiji. Nalazi se na obali Atlantika. Ruševine rimskog grada Baelo Claudia nalaze se u blizini plaže, koje se smatraju najpotpunijim ruševinama rimskog grada do sada otkrivenim u Španiji. Iz nekog razloga ta plaža je bilo omiljeno mjesto gdje su se skupljali hipici, avanturisti ili penzionisani bivši pripadnici raznih vojski, kojima je život u betonskim stanovima izgledao mizeran i neprihvatljiv. Radije su vrijeme provodili u šatorima u blizini plaže ili obližnjim hostelima. Bilo je veoma moguće da im se Edvin pridružio.

Sa glavnog puta su skrenuli na uski sporedni put koji je vodio ka plaži. Put je bio toliko uzak da su se jedva dva auta mogla mimoići. Inače, španski vozači su prilično brzi u vožnji i nervira ih bilo koje auto ispred njih koje ide nešto sporije nego što oni žele. Tako se nešto desilo i Esadu tokom vožnje. Ubrzo se iza njih našao jedan automobili, s vozačem koji je neprestano blicao i svirao. Esad je ubrzo pronašao jedno kakvo takvo proširenje na putu i pustio auto iza njega da ga pretekne. Nakon desetak minuta opet su naišli na isto auto, ali, više nije bio na putu, već u jarku pored puta. S druge strane puta, također u jarku, nalazilo se još jedno auto, koji se prije sretanja s prvim autom kretao u suprotnom pravcu. Oba vozača su stajala na putu i nešto žustro raspravljali. Bilo je jasno da je do nezgode došlo jer obojica nisu prilagodila brzinu vožnje uslovima na putu. Pošto nije bilo ozlijeđenih, Esad je nastavio voziti bez zaustavljanja.

Ubrzo su naišli na jednu hacijendu u blizini puta. Na ulazu je stajalo nekoliko osoba i dva psa koja su trčkarala oko njih. „Šta misliš da njih pitamo?", reče Jasminka dajući Esadu Edvinove fotografije. „Probat ću", reče Esad, zaustavi auto pored puta i krenu prema skupini ljudi. Kako je on krenuo prema njima, tako su dva psa krenula prema njemu lajući. Esad je imao psa ljubimca u djetinjstvu i dobro je poznavao njihovo ponašanje. Psi su lajali, ali nisu režili, što je bio znak da im samo smeta i da ne namjeravaju da napadnu. Mirno je prošao pored njih ne davajući ni trunka znak da ga je strah i da je i sam agresivan. Psi znaju prepoznati kada je nekoga strah i onda pojačaju svoju agresivnost. Ispružio je dlan naprijed dajući im znak da se smire, što je i uspjelo. Uz pratnju pasa koji su ga budno motrili stigao je do grupe ljudi. Izgledalo je da se radi o vlasniku hacijende i nekoliko mlađih osoba, s dugom kosom i zapuštenom bradom. Iako je doba hipi-pokreta davno prošlo sa sedamdesetim godinama, nemali broj hipika ostao je vjeran svom načinu života širom svijeta. Prišao im je i objasnio da traži izgubljenog sina. Pokazao im je fotografije i posljednju crno-bijelu sliku dobijenu od Interpola, koja je prikazivala njegov trenutni izgled. Svi su se ljubazno odazvali, saosjećali su s ocem djeteta. Gledali su slike podozrivo i odmahivali glavom. Esad se zahvalio i krenuo nazad. Ovaj put psi su ga smatrali domaćim i nisu više lajali. Izgledalo je kao da ih Esad više ne zanima.

Nakon par koraka jedan srednjovječni čovjek među njima mu reče na engleskom jeziku, s njemačkim akcentom:

„Halo, prijatelju, mogu li pogledati slike još jednom?"

Esad zastade pun nade i pokaza mu slike. Čovjek se duboko zagleda, posebno u sliku od Interpola. Na toj slici Edvin je imao dugu kosu, nešto brade i brkova, ali izraz lica je bio vjerodostojan.

Nakon par minuta reče: „Nisam siguran, ali mislim da sam ga vidio u jednom restoranu blizu luke u Tarifi. Ne znam kako se zove restoran, ali znam da mu je vlasnik jedan sijedi gospodin."

–„Možda nas je nebo pogledalo", pomisli Esad. Zahvalio se čovjeku i žurno krenuo ka autu.

–„Izgleda da imamo neki trag, hajmo u Tarifu", reče Esad Jasminki. Noć se polako spuštala i nisu htjeli gubiti vrijeme.

Tarifa je grad u provinciji Cadis u Andaluziji. Smješten je na najjužnijem kraju Iberijskog poluotoka i preko Gibraltarskog moreuza okrenut je prema Maroku. Poznat je po Maurskoj tvrđavi, koju je u 10 vijeku izgradio halifa Kordobe da bi zaštitio Tarifu od napada Vikinga. Luka se nalazila u blizini tvrđave i Esad se nadao da će je lahko naći. Trebalo im je oko sat vremena da stignu do luke. Bila je noć, a luka je izgledala napuštena. Samo u jednoj zgradi u okviru luke vidjelo se svjetlo. Krenuli su put svjetla. Ipak je ovo luka, mnogo svijeta prolazi lukom i možda dođu do nekih informacija. Otvorili su vrata i vidjeli desetak ribara kako pripremaju ulovljene ribe za tržište. Niko od njih nije mogao prepoznati Edvina na slikama, ali su im rekli u kom pravcu su restorani smješteni u blizinu luke. Zahvalili su se i krenuli dalje.

Jasminka je bila rođena Sarajka, odrasla u neboderu na Grbavici i stoga nije bila baš naklonjena psima lutalicama koji su tumarali oko luke. Držala se čvrsto za Esada kada god bi jedan takav pas prošao, plašeći se svakog pogleda. Pored toga, dok je još bila dijete, jedan ju je pas ugrizao pa je ta fobija ostala. Iz tame luke ušli su u svjetla gradskog područja Tarife sa bezbroj radnji, restorana i malih parkova.

Usput su prolazili pored obližnje plaže. Od plaže ih je odvajao kameni zid. Bila je noć i možda Edvin tu negdje spava. Dozivali su: „Edvineee, Edvineee!", a glas im se gubio u šumu vjetra i talasa Atlantika. Nakon nekog vremena, kada su se već umorili od dozivanja, vidjeli su neobičan prizor. Jedan bijeli konj je dogalopirao do njih iz tame sve do pred kameni zid plaže, mahnuo nekoliko puta glavom i pogledao ih. Stajao je tu pred njima i jednu nogu lagano podizao i spuštao kao da ih pozdravlja.

Esad i Jasminka su ostali zapanjeni i zanijemili. Sletio je odnekud kao mitski konj Pegasus. Kao da su ga poslali sam bog Posejdon i mitska Meduza.

–„Esade, vjeruješ li ti u reinkarnaciju?", upita Jasminka zapanjeno.

–„Ne", reče Esad podižući obrvu, „ali ne mogu ovo objasniti."

Stigli su do prvog restorana i počeli s pitanjima, ali bez uspjeha. Zatim drugi, treći i onda su naišli na jedan manji restoran u uglu ulice, blizu obližnjeg parka. Ličio je više na engleski pub nego na špansku tavernu, s klasičnim šankom i osobljem. Prišli su jednoj konobarici za šankom, pokazali sve slike koje su imali i iščekivali odgovor.

–„Aj, Mateo, Mateo!", uzviknu konobarica pokazujući sliku svojoj kolegici do nje.

Mateo je inače na španskom jeziku ime za dječaka, koje ima neko značenje kao „Božiji dar".

–„Da to je on", rekla je konobarica ushićeno. „Često dođe ovdje da nešto pojede, a inače spava na klupi ovdje u parku preko puta."

Jasminki su suze poletjele niz lice: „Jesmo li ga konačno pronašli prije zime?" Od dragosti je poljubila konobaricu i zagrlila njenu kolegicu. Jedno veliko „hvala" sijalo je iz njenih očiju, što su one i razumjele. Bilo im je drago da pomažu roditeljima izgubljenog dječaka. Esad se iskreno zahvalio djevojkama i krenuo prema izlazu.

–„Idite, potražite ga, mora da je tu negdje okolo", reče konobarica.

Izašli su iz restorana. Jasminka je drhtala od uzbuđenja i nije skrivala suze. „Tu je, živ i zdrav", mislila je, „ i ne idemo odavdje dok ga ne nađemo."

Sada je Edvin dobio i nadimak Mateo, a mogao je koristiti i ime koje je uvijek želio – Emir, ovdje ionako niko ne zna njegovo pravo ime, pogotovo ne policija. U parku pored klupa gdje je Edvin običavao da spava zatekli su jedno dijete. Prišli su mu i pokazali slike. Dijete nije znalo engleski jezik, ali ga je prepoznalo.

–„Si, si, lo vi practicar karate", govorio je dječak pokazujući rukama kako Edvin vježba karate u parku.

–„Tu smo, na pravom tragu", reče Esad, „hajmo malo još pogledati." Tražili su okolo, ali bez uspjeha. Konačno, vratili su se u isti restoran da vide ima li još nekih informacija. U restoranu, u uglu, sjedio je jedan srednjovječni čovjek, sijede kose, koji je odgovarao opisu koji su dobili od čovjeka sa plaže.

–„Je li to vlasnik restorana", upita Esad konobaricu.

–„Da", reče ona s osmijehom.

Esad i Jasminka su mu prišli i predstavili se. Uz široki osmijeh čovjek im je objasnio da stvarno Edvin tu dolazi ponekad i traži da nešto pojede.

–„Da li plati?", upita Esad, iako je znao da je pitanje višak, jer nije postojala mogućnost da Edvin u takvom stanju nađe posao i zaradi platu.

–„Ne, ne", reče čovjek s blagim osmijehom na licu, „Mateo ovdje ima hranu besplatno." Izraz lica dok je to govorio izražavao je smirenost i dobroćudnost. Čovjek je shvatao šta se s Edvinom dešava i bio je sretan da mu pomaže bar s hranom.

Esad je ponudio da mu plati sve što je do sada Edvin bio dužan, ali je čovjek uz blagi osmijeh kategorički odbio. U tom momentu prišla im je konobarica s mobilnim telefonom, nudeći svoj broj ako im zatreba. Bila je ljubazna, imala je crnu kosu, braon oči i lančić s krstom okačen oko vrata, prava Španjolka iz Andaluzije.

–„Pozvala sam sve svoje prijatelje preko mobitela i zamolila ih da ga traže", reče s osmijehom na licu. „Mnogi od njih su na motoru i sada obilaze plažu i tvrđavu, on tamo često ide."

Esad je potapša po ramenu, mada bi je najradio zagrlio. Zahvalio joj se duboko i krenuo ka izlaznim vratima.

−„Kako su dobri ljudi", reče obraćajući se Jasminki.

−„Vjeruju u Boga", reče Jasminka, „vidiš da skoro svi nose lančić s krstom oko vrata."

Ohrabreni ovim saznanjima, Jasminka i Esad dali su se u potragu s novim elanom i nadom koja je postajala sve izvjesnija. „Tu je negdje, naći ćemo ga", mislili su. Obišli su obližnji park gdje im je rečeno da Edvin spava na klupi. Nije ga bilo tu. Zamišljali su kako tu, na toj klupi Edvin prenoći, sklupčan. Vjerovatno mu je bilo hladno. Jesen je i noći u Španiji pod vedrim nebom znaju biti hladne. U jednom restoranu blizu parka i osoblje i dio gostiju su ga prepoznali. Konobar im je objasnio da ponekad dođe i tu ruča.

Esad je izvadio novčanik i ponudio se da namiri troškove nudeći konobaru novčanicu od 50 eura. Konobar je sa smiješkom na licu rekao:

"No, no es necesario."

Ni oni nisu htjeli uzeti novac. Edvin, koga su prozvali Mateo, imao je besplatnu hranu gdje god se pojavio. Esadu je prošlo kroz glavu da samo osobe koje to nečim zasluže dobiju nadimak. Edvin, sa svojom čistom dušom i manirima, legao im je nekako, jednostavno su ga prihvatili kao svoga. U tom trenutku im je prišla jedna žena srednjih godina. Vidjela je njihov razgovor s konobarom za šankom i tražila da i ona vidi sliku. Pogledala je i odmah klimnula glavom. Da, to je on, njen prijatelj Mateo. Ponekad se druže i izlaze zajedno.

−„A znate li gdje je sada", upita Jasminka.

—„Ako nije ovdje u Tarifi, onda je u Algecirasu. On planira da ide u Afriku, a iz tog grada ima trajekt do Afrike", reče žena.

Esad joj se zahvalio, usput razmijenio brojeve telefona i zamolio je da ga nazove kad joj se Edvin opet javi, za slučaj da ga ovaj put ne pronađu. Alegeciras je udaljen dvadesetak kilometara od Tarife. To je industrijski grad u kome se nalazi nešto veća luka. U samoj luci i okolini ima mnogo radnika u tranzitu i migranata iz Afrike, koji se vraćaju kući na odmor tokom vikenda sa posla u Francuskoj, Holandiji i Belgiji. Ne manjka sigurno ni avanturista, penzionera i beskućnika koji tumaraju po obližnjim parkovima i plažama.

Traganje po Tarifi je bilo bezuspješno. Esad i Jasminka su se odlučili da ujutro krenu za Algeciras. Krenuli su rano ujutro iznajmljenim autom. Bio je vedar sunčan dan i nije im bilo teško da pronađu luku u gradu. Ako je tamo, Edvin će vjerovatno tražiti neki park blizu same luke.

Parkirali su auto pored obližnjeg parka. Iako je bilo jutro, u parku su naišli na grupu od oko desetak starijih ljudi, vjerovatno penzionera, koji su sjedili zajedno na obližnjim klupama i nešto ćaskali. Poneko od njih je držao konzervu s pivom i lagano ispijao gutljaj po gutljaj. Esad im je prišao i pokazao sliku Edvina. Objasnio je da je nestao iz kuće i da ima informaciju da je upravo ovdje u Algecirasu. Ljudi su gledali slike i nešto pričali na španskom jeziku. Esad im je ponudio da im kupi piće i sjeo zajedno s njima. Mislio je da, ako ga prime kao dio sebe, možda će se otvoriti. Klimnuli su glavom odobravajući, a jedan od njih je uzeo novac i otišao da kupi pivu u obližnjoj radnji. Piće je konačno stiglo i ćaskanje je nastavljeno. I Esad i Jasminka su uzeli i otvorili po jednu pivu. Grlo im se bilo osušilo i hladna piva je i njima dobro došla. Postali su dio grupe. Jedan od njih je skinuo svoju jaknu i ogrnuo Esada, tapšući ga po ramenu.

Postali su sada dio grupe penzionera, vagabunda i besposličara. Edvinova slika je kružila od ruke do ruke i čuli su se razni komentari koje oni nisu razumjeli.

Slika je konačno stigla i do jednog od njih, čovjeka u poznim godinama, ispijenog lica i s kačketom na glavi. Gledao je dugo u obje slike i onda u Esada, pa opet u slike. Onda je prišao Esadu i na čistom engleskom jeziku upitao Esada da li je momak nekada trenirao karate. Esad ga pogleda i klimnu glavom.

−„Onda je to on, liči na tebe, viđao sam ga ovdje kako vježba karate", reče čovjek prilično uvjerljivim glasom.

Predstavio se: „Peter", rekao je i pružio ruku. Bio je to bivši američki vojnik, marinac koji je ratovao u Vijatenamu. Po završetku rata preselio se s porodicom u Holandiju, a sada ovako provodi penzionerske dane lutajući po svijetu. Voli društvo i voli popiti, a ovo društvo vagabunda oko njega je slično njemu i prija mu, bar preko ljeta. Ponekad je ćaskao i s Edvinom u parku.

−„On ponekad dolazi ovdje i gleda u luku i brodove", reče Peter, „a spava i hrani se u obližnjoj crkvi. Ne brinite ništa, on je živ i zdrav, zna se snaći u svakoj situaciji. Bio bi dobar marinac."

−„Mogu li vas zamoliti da nas povedete do te crkve?", upita Esad gledajući u čovjeka skoro molećivo.

−„Svakako", reče Peter, „to nije daleko, na ovom je brežuljku prekoputa."

Krenuli su užurbano sve troje. „Bog nas je pogledao", pomisli Esad, „od toliko parkova i od toliko ljudi u gradu mi naiđosmo na prvu grupu i pravi trag." Hodali su uskim putem uzbrdo. Peter je sve vrijeme pričao o Edvinu, šta radi, s kime se druži, gdje spava. Uskoro su naišli na malu kafanicu s ljetnom baštom bez ograde, koja je imala svega nekoliko stolova.

Za prvim stolom do ulice sjedio je jedan mladić, duge plave kose koja se presijavala na suncu, okrenut leđima prema njima. Do njega je, pored stolice, sjedio jedan pas. Izgledali su kao dva nerazvojna druga, obojica zagledani u daljinu. Mladić ga je nježno milovao po glavi. Činilo se da su oboje izgubljeni u nekoj bajci i da ih svijet oko njih ne zanima.

Bio je to Edvin, odmah su ga prepoznali.

−„Edvineeeee, Edvineeeeeee", uzviknula je Jasminka i potrčala mu u zagrljaj, a njen glas se gubio u šumu vjetra i buci obližnjih automobila.

CPSIA information can be obtained
at www.ICGtesting.com
Printed in the USA
BVHW020033091222
653825BV00005B/90

9 781399 940214